선택의 순간에 나를 돕는

인생의 참고서

선택의 순간에 나를 돕는
인생의 참고서

지은이 | 안상헌

펴낸곳 | 북포스
펴낸이 | 방현철

편집 | 조현주

초판 1쇄 펴낸날 | 2006년 1월 10일
초판 4쇄 펴낸날 | 2006년 11월 10일

출판등록 | 2004년 2월 3일 제313-00026호
주소 | 서울시 마포구 서교동 394-25 동양트레벨 1304호
전화 | 02-337-9888
팩스 | 02-337-6665
전자우편 | bhcbang@hanmail.net

ISBN 89-91120-06-7 03320

값 10,000원

선택의 순간에 나를 돕는

인생의
참고서

안상헌 지음

어느 직장인의 자기관리법

Crisis and Solution

북포스

서문_

아침에 눈을 뜨면 우리는 당장 결정을 해야 한다. 이불을 박차고 일
어날 것인가 아니면 5분만 더 자자며 이불을 뒤집어쓸 것인가. 일종의
작은 선택이다. 그러나 이 작은 선택이 미칠 영향은 지대하다. 이불을
박차고 일어날 것을 선택한 사람은 여유 있고 활기찬 아침을 맞이할
것이고, 그것은 곧 일에 대한 에너지로 이어질 것이다. 그러나 '5분만
더'를 외친 사람의 아침은 시간에 쫓기고 정신적인 여유를 상실한 채
자신의 일을 부정적인 태도로 대하게 될 것이다. 작은 선택이지만 그
것이 삶의 질에 미치는 영향은 지대하다.

우리는 매일 수만 번씩 이런 선택의 순간에 직면한다. 그리고 그때
마다 우리는 어떤 선택을 행함으로써 다가올 우리의 삶을 결정한다.
미운 사람을 만났을 때, 일이 하기 싫을 때, 고객에게 화를 내고 싶을
때 등 그 순간에 어떤 결정을 해서 어떻게 행동하느냐에 따라 우리의
삶은 달라지는 것이다.

이른바 성공한 사람들은 그 순간의 결정에서 자신을 설득할 수 있었던 사람들이었다. 자신의 내일을 위해서 보다 현명한 방법으로 행동하도록 자신을 설득함으로써 보통사람들과는 다른 결과를 얻어냈다. 하루에도 수만 번 그들은 스스로를 설득하고 성장을 자극하며, 뛰어남을 상상하면서 미래를 창조해나갔던 것이다. 그러나 그들이 선택의 힘을 사용하지 못했다면 자신이 원하는 것을 얻지 못했을 것이 분명하다.

세상을 살아오면서 수많은 사람들과 만나고 헤어지게 되면서 얻어온 경험들은 미래를 희망적으로 만들 수 있도록 지금의 선택에 훌륭한 도움을 주는 소중한 자료들이다. 하지만 내가 만난 사람들은 경험이라는 자료들을 시간이라는 공간에 묻어둔 채 자기 삶의 자양분으로 만들지 못하고 있었다. 때로는 너무 바쁘다는 이유로, 때로는 귀찮다는 이유로, 때로는 아무런 이유도 없이 소중한 우리의 경험들을 시간에 흘려보낸 것이다. 그래서 경험에서 건진 삶의 소중한 단초들과 독서를 통해서 얻은 선현들의 지혜를 정리하여 선택의 순간에 힘이 될 만한 참고서를 만들게 되었다. 무엇보다도 내 자신이 필요했던 것이다.

　그러므로 이 책은 우리가 직면하는 선택의 순간에 참고할 만한 개인적인 생각들을 정리한 것이다. 인간관계와 일, 삶에 대한 열정, 그리고 자기 자신을 다시 돌아봄으로써 우리는 스스로를 도울 수 있는 계기를 만들 수 있을 것이다. 자신을 도우려는 마음이 없는 사람을 다른 사람이 도울 수는 없다. 우리는 자신을 배려하고 도우며 성장시키는 방법을 배워야만 한다. 그런 배움이 현명한 선택으로 이어질 것이라 믿는다.

　생각의 발전은 기술의 발전보다 느리다. 기술은 성장하는데 생각이 그에 맞게 자라지 않을 때 우리는 정체성의 위기를 경험하게 된다. 생각이 성숙되지 않으면 인생의 중요한 순간에 선택의 힘을 발휘할 수 없을 것이고 자신이 바라는 훌륭한 미래 또한 기대할 수 없을 것이다. 생각이 달라지면 세상을 보는 시각이 달라진다. 따라서 행동의 방향도 달라진다. 그 행동이 바로 우리 자신과 세상을 바꾸는 결정적인 계기가 될 것이다. 결국 우리는 중요한 선택의 순간에 어떤 생각을 하느냐에 따라 다른 결과를 얻게 된다. 그런 의미에서 갈등의 상황에 좋은 참고 자료가 될 수 있도록 생각의 단초들을 정리하는 것은 현명한 선택에 큰 도움이 될 수 있을 것이라 믿는다.

　이 책을 접하는 모든 분들이 현명한 결정으로 자신을 성장시키고 오늘보다 나은 내일을 맞이하길 기원한다.

2006년 1월
안상헌

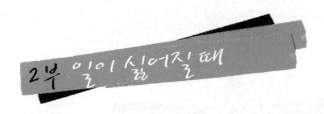

2부 일이 싫어질 때

3부 열정이 식을 때

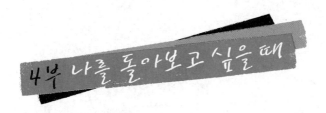

4부 나를 돌아보고 싶을 때

선택의
순간에
나를 돕는
인생의 참고서

1부

사람이
싫어질 때

Crisis and Solution

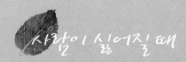

사람이 싫어질 때

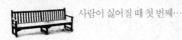

미워서 친하지 않은 것이 아니라
친하지 않아서 미운 것이다

"인간은 박해받을 것이라고 기대했던 사람에게 은혜를 입으면 강한 의리감을 느낀다."

《한비자》에 나오는 말이다.

일반적으로 직급이 높고 사회적 지위를 인정받고 있는 사람들을 만나면 주눅이 드는 경우가 많다. 특히 사장실은 직원들을 주눅 들게 하는 대표적인 공간이다. 아무리 힘 있고 자신감 넘치는 직원들도 사장실에만 들어가면 할 말 못하고 소나기 오는 날 마루 밑에 웅크린 강아지처럼 꼬리를 내린다. 사장실이라는 공간이 자신의 생존 여부를 좌우할 수 있는 무한권력의 상징이기 때문이다.

사장실에 들어가기 전에는 자신이 마치 직원들을 대표해서 '맞장'이라도 뜰 기세였다가 비 맞은 강아지 같은 모습으로 뒷걸음질치며 나오는 걸 보면 웃음이 절로 나온다. 물론 우리 중 누구도 그렇지 않다고 자신할 수는 없을 것이다.

경영자들도 이런 사실을 알고 있다. 자신도 부하 직원이었던 때가 있을 테니까 말이다. 그래서 한비자는 부하 직원들을 인정으로 대할 것이 아니라 상벌로 대해야 한다고 주장한다. 자신을 박해할 것이라고 여겼던 사람이 약간의 시혜를 베풀면 상당히 높은 충성심을 확보할 수 있다. 그러기에 몇몇 경영자들이 일부러 깐깐하게 보여서 기어오르지 못하도록 함과 동시에 작은 베풂으로 큰 효과를 거두려고 하는 것이리라.

이른바 '스톡홀름 증후군'도 같은 차원의 개념이다. 1973년 스웨덴 스톡홀름에서 인질강도 사건이 일어났는데, 당시 인질들은 자신을 위협하는 강도에게 협조까지 하는 병리현상을 보였다. 인질범이 인간적인 행동을 함으로써 인질들의 심리변화를 유발한 것이다. 이렇게 납치된 인질이 폐쇄된 공간에서 자신의 생사여탈권을 쥔 범인에게 인간적인 매력을 느껴 감화되는 현상을 스톡홀름 증후군이라고 한다. 자신에게 총구를 들이대던 사람에게서 인간적인 모습을 발견하면 그에게 쉽게 감화되는 경향이 있는 것이다.

이런 경향은 일상생활에서도 쉽게 찾아볼 수 있다. 평소에는 아는 척도 하지 않아 나를 싫어하나 보다 싶었던 사람이 갑자기 다정하게

다가오면 의외로 '괜찮은 사람'이라는 생각이 든다. 친하게 지내는 것을 이미 포기하고 있는 상황에서 갑자기 그가 나에게 적극적으로 다가와 관심을 보이는 것은 내가 기대하지 않았던 것이기에 더욱 호감을 갖게 한다. 그가 상사이거나 특정한 분야의 전문가라면 그럴 가능성은 더욱 높아진다. 상대방의 권위가 강할수록 싫었던 사람이 좋아지는 순간은 짧아진다.

사람 사이의 관계는 그 사람이 정말로 미워서 친하고 싶지 않은 경우보다 친하지 않기 때문에 미워지는 경우가 많다. 미워 죽겠던 사람도 시간이 지나고 어떻게 하다 보니 친해져서 서로를 잘 이해하게 되었다면 더 이상 그가 밉지 않고 오히려 좋아지기도 한다. 그와 친해져 버려서 미워할 수 없게 된 것이다.

사람을 미워하는 데에는 사실 별다른 이유가 없는 경우가 많다. 상대방이 나한테 싫은 것들을 강요한다거나, 말투가 투박하다거나, 약속을 잘 지키지 않는다거나 하는 이유들을 댈 수도 있을 것이다. 그러나 잘 생각해보면 이런 것들은 우리가 느끼고 있는 이유일 뿐 사실과는 조금 다르다. 실제로 프랑스의 심리학자 자이언스는 "인간은 반복해서 접하는 것에 대해서 호의를 갖는 경향이 있다"는 것을 실험으로 증명해 보이기도 했다.

아주 친하고 가까운 사람이 나한테 싫어하는 것을 강요한다고 해도 그를 미워하지는 않을 것이다. 그냥 그것이 싫다고 말하면 되기 때문이다. 어투가 투박하고 예절이 좀 부족하다고 해서 그를 미워하지는 않을 것이다. 그의 말투에 익숙해서 그의 마음이 말과는 다르다는 사실을 알기 때문이다. 마찬가지로 약속을 잘 지키지 않는다고 해서 그를 싫어하지는 않을 것이다. 그가 바쁘다거나 혹은 원래 성격이 좀 느린 편이라는 사실을 알기에, 혹은 그런 정도의 약점들은 이해해줄 수 있기 때문이다. 다른 이유들도 마찬가지다.

결국 상대방과 친해지고 난 다음에는 그의 잘못이나 약점들은 별것이 아니게 된다. 남의 도덕적 해이에 대해서는 냉정하게 비판하면서도 일단 자신과 친해지면 그의 잘못이 눈에 보이지 않는다. 그래서 친하다는 이유로 이를 눈감아주고 오히려 도덕적으로 올바르지 못한 일에 동참하는 일까지 생기는 것이다. 하지만 친해지기 전에는 그런 점들을 이해해주지 못한다.

싫은 사람이 생기거든 가만히 생각해보자. 내가 그와 친하지 않기 때문에 그를 미워하고 있는 것은 아닌가를……

마음에 상처를 주는 사람이 생겼을 때

- 회사에 출근하기 싫어진다.
- 의식적으로 그 사람을 피하고 그와 연관된 말이나 사건들을 회피하게 된다.
- 주변의 사람이 싫어지고 논리보다 감정이 앞선다.

Solution!

1. 웃어주자

그들은 내 마음에 상처를 입힐 수 없다. 그의 행동 때문에 내가 슬픔에 휩싸이거나 화를 낸다면 그것이야말로 정말 그가 원하는 대로 해주는 꼴일 것이다. 가장 좋은 복수는 잘살아주는 것이다. 그리고 웃어주는 것이다. 그가 아무리 나를 괴롭혀도 그냥 한번 피식 웃어주고 말자.

2. 배우자

피할 수도, 무시하고 넘어갈 수도 없다면 배우면 된다. 분명히 그들로부터도 배울 점이 있다. 그들의 부정적인 면에 영향을 받지 말고 긍정적인 요소들을 배우자. 타산지석(他山之石)이라고 했다. 사실 부정적인 요소로부터도 배울 점은 있다. 어떤 것에서도 무언가 배울 수 있을 때, 우리는 상처를 주는 존재들의 스트레스에서 벗어날 수 있다.

마음에 상처를 주는 사람이 생겼을 때

1. 웃어주자

2. 배우자

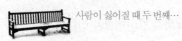

'사람'이 문제가 아니라
'사람 사이'에 문제가 있다

하루는 사자가 지나가던 양을 불러놓고 물었다.

"내 입에서 고약한 냄새가 나지 않느냐?"

그러자 양은 코를 벌름거리며 사자의 입냄새를 맡아본 다음 이렇게 말했다.

"냄새가 정말 지독한데요."

그러자 사자는 벌컥 화를 내며 양을 잡아먹고 말았다.

사자는 얼마 후 늑대를 불러서 똑같은 질문을 했다. 사자의 눈치를 보던 늑대가 말했다.

"냄새라니요, 전 아무 냄새도 안 나는걸요."

"이 천하의 아첨꾼 녀석아!"

화가 난 사자는 이번에도 늑대를 잡아먹고 말았다.

세 번째로 불려온 것은 여우였다. 그런데 똑같은 질문을 받은 여우는 이렇게 말하는 것이었다.

"죄송합니다만, 전 지금 코감기에 걸려서 아무런 냄새도 맡을 수가 없습니다."

우리는 이야기 속의 여우처럼 상대방의 마음에 조심스럽게 접근하곤 한다. 가슴속에 있는 말을 다 하지 못하고 약간의 거짓말로 마음을 떠본 후에 상대방의 마음에 들 것 같은 이야기들만 늘어놓는 것이다. 섣불리 판단하고 말했을 경우 상대방의 마음을 불편하게 만들 것이고 그것이 결국 우리에게 피해를 준다는 사실을 경험으로 알고 있기 때문이다.

하지만 어떤 사람들은 자신의 단점에 대해서도 솔직한 이야기를 듣기 원한다. 그들에게 감언이설을 행하거나 솔직하지 않은 말을 했다가 들키기라도 하는 날이면 큰일이 난다. 자신에게 상처를 주지 않기 위해서 했던 하얀 거짓말에도 화를 내면서 다시는 보지 않을 것처럼 대할 것이다. 상대방을 배려하기 위한 행동이 인정받지 못하는 모습을 보면서 우리 또한 그에 대해 좋지 못한 인상을 갖게 된다.

사실 이런 문제는 누가 잘하고 못하고의 문제가 아니라 두 사람 사이의 성격적인 차이에서 기인하는 갈등인 경우가 대부분이다. 어떤 사람들은 자신에 대한 솔직한 이야기를 듣고 싶어하지만, 또 어떤 사람들은 그 솔직한 이야기에 화를 낸다. 그리고 말을 하는 사람도 솔직하게 말하기를 좋아하는 사람이 있는가 하면, 상대방이 상처받지 않도록 이리저리 돌려서 말하는 것이 습관이 된 사람도 있다. 그래서 사람들의 갈등에서 오는 문제는 한 사람의 성격문제가 아닌 경우가 많다. 한 사람의 잘못이 아니라 두 사람 사이의 관계에서 오는 문제가 대부분인 것이다.

직장인들은 꼴 보기 싫은 동료나 상사들 때문에 많은 스트레스를 받는다. 그리고 그 원인은 동료나 상사에게 있다고 생각하며 혼자 괴로워하면서 그들을 비난하곤 한다. 하지만 내가 비난하던 그들이 나 외의 다른 동료들과는 아주 각별하게 잘 지내는 것이 아닌가. 이때 다른 사람들까지 비난할 것이 아니라 마음을 가다듬고 자세히 살펴보면 그의 인격이 문제가 아니라 그와 나 사이의 관계가 문제라는 것을 발견할 수 있다.

《도덕경(道德經)》에서는 관계의 문제를 이렇게 말하고 있다.

"세상 모두가 아름다움을 아름다움으로 알아보는 자체가 추함이 있음을 뜻한다. 추한 것을 착한 것으로 알아보는 것 자체가 착하지 않음이 있다는 것을 뜻한다. 그러므로 가지고 못 가짐도 서로의 관계에서 생기는 것. 어렵고 쉬움도 서로의 관계에서 성립되는 것. 길고 짧음도, 높고 낮음도 서로의 관계에서 비롯되는 것이다."

사람의 성격은 모두 다르다. 그래서 성격이 비슷한 사람끼리 모이면 친해질 가능성이 많고, 전혀 다른 성격끼리 만나면 가까이하기 어렵다고 느낀다. 처음에는 좋아 보였다가도 오래 지내다 보면 그 사람

본래의 성격을 알게 되어 나와는 맞지 않는구나 하는 생각을 하게 되기도 한다. 문제는 한 사람의 문제가 아니라 그 둘 사이의 관계에 있는 것이다. 그리고 중요한 것은 자기와 성격이 맞지 않는데도 불구하고 다른 사람을 배려하고 양보하는 훌륭한 사람들이 많다는 것이다.

그러므로 우리는 상대방의 성격에 문제가 있는 것이 아니라 그의 성격과 나의 성격이 잘 맞지 않아서 그를 미워하게 된다는 사실을 인정해야 한다. 그럴 수 있을 때 나와 맞지 않는 사람과도 무관하게 지낼 수 있다. 다른 사람을 미워하면 정작 다치는 쪽은 상대방이 아니라 나의 마음이다. 미워하는 감정으로 인해 내 마음이 부정적으로 변하고 갈등과 번민에 휩싸인다. 혹은 복수의 일념으로 긍정적인 삶의 에너지를 소진시키게 될 것이다.

피곤하고 졸린 고슴도치 두 마리가 추위에 떨며 끌어안고 있었다. 그러나 서로의 몸에 가시가 있어 찔리지 않기 위해서는 어느 정도 거리를 두어야 했다. 그러다 추위를 견디기 힘들면 다시 모였다. 이러기를 몇 차례, 결국 두 마리 고슴도치는 적당한 거리를 찾아냈다. 서로의 온기를 얻으면서도 서로에게 찔리지 않는 거리였다.

고슴도치 이야기는 시사하는 바가 크다. 서로 바짝 끌어안으면 따뜻하다는 사실은 누구나 안다. 하지만 그렇게 되면 상대방을 아프게 만들 수도 있다. 솔직하게 말하는 것이 좋지만 사람의 마음에 상처를 입히는 경우도 있는 것이다. 고슴도치들처럼 적당한 거리를 두고 서로 춥지 않게 체온을 유지하면서 상처도 주지 않는 상태로 있다면 그것이야말로 최상이 아닐까 싶다.

　자신과 맞지 않는 부분은 무시하고 넘어가는 아량을 발휘하면서 자신과 맞는 부분에 적극적으로 에너지를 부여한다면 더 좋은 결과를 낳을 수도 있을 것이다.

나를 가르치려는 사람을 만났을 때

- 사사건건 가르치려는 사람때문에 내 의견을 말하는 것이 두려워진다.
- 자신의 능력 없음이 안타깝고 화가 난다.
- 반론을 제기하려다가 그와 논쟁하는 것이 귀찮고 부질없다는 생각에 그냥 넘어가기도 한다.

Solution!

1. 동기를 생각해보자

  사사건건 나를 가르치려는 사람과 대화한다는 것은 무척이나 불쾌한 일이다. 마치 내 스승이라도 되는 것처럼 일장 연설을 늘어놓는 사람 때문에 자신이 점점 초라해지는 것 같을 수도 있다. 이때는 상대방이 나한테 왜 이런 말을 할까 생각해보자. 그가 그런 말을 하는 동기는 자신을 과시하고 싶기 때문이다. 그리고 은근히 나를 경쟁상대로 생각하는 것이다. 상대방의 동기를 확인하고 나면 그의 행동이 불쌍하게 보이기도 한다.

2. 제3자의 입장에서 생각해보자

제3자의 입장에서 상대방과 나를 바라보면 재미가 있다. 상대방은 나를 가르치는 듯한 태도로 말하고 있지만 제3자가 보기에도 과연 그럴까? 상황에 따라 다르겠지만, 내가 만일 다른 사람들에게 신뢰받는 상태라면 나에게 아주 유리하다. 내가 그의 말을 묵묵히 듣고 있는 것을 지켜보면서 제3자는 나의 인내심을 칭찬할 것이기 때문이다. 그리고 자신을 자랑하고 있는 그의 속좁음을 비웃고 있을 것이다.

3. 고차원의 세계를 알려주자

상대방이 알고 있는 것은 사실 별것 아닐 경우가 많다. 내가 알고 있는 보다 높은 차원의 이야기들을 사례를 들어가며 들려준다면 그는 말문이 막혀버릴 것이다. 그렇더라도 이때 그의 마음을 다치게 해서는 안 된다. 그의 말에 한마디 거드는 것처럼 자연스럽게 말을 이어가야 효과가 있다. 그를 이기고야 말겠다는 생각으로 고차원적인 이야기를 하면 상대방은 오히려 전혀 엉뚱한 논리를 들이대며 또다시 도전할 것이다.

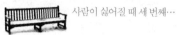

상대방의 욕구를 꿰뚫어보자

술자리가 끝나고 계산할 시간이 오면 화장실에 가겠다는 사람이 있다. 바로 김 대리다. 모두가 그를 얄미워하며 너무 쫀쫀하게 직장생활한다며 핀잔을 준다. 솔직히 너무한다는 생각이 들 때도 많다. 같이 근무한 5년 동안 자판기 커피 한잔 얻어 먹어봤다는 사람이 없고, 아예 그의 지갑이 어떻게 생겼는지 한번도 못 봤다는 사람들도 있다. 여직원들은 쫀쫀한 그를 좋아하지 않는다. 나 또한 그렇다.

홍 대리는 어깨에 힘이 잔뜩 들어 있다. 거만함과 우월감으로 다른 사람들을 불편하게 만든다. 자기가 한 일이라면 별게 아닌데도 마치 회사에 획기적인 공헌을 한 것처럼 떠벌리고 다니다가도, 남이 한 일은 공을 깎아내리려고 혈안이다. 더 큰 문제는 남이 한 일까지도 마치 자기가 다 한 것처럼 자랑하고 다닌다는 점이다. 여럿이 같이 한 일을 자기 혼자 한 것처럼 자랑하는 그를 보면 울화가 치밀어 오른다.

누구나 싫어하는 사람이 있게 마련인데, 사람들은 자기만 아는 이기적인 사람을 가장 싫어하는 듯하다. 백 원짜리 몇 개 아끼려고 커피 한잔 안 뽑아주는 쫀쫀한 사람이나, 잘난 척하느라 남의 공을 깎아내리고 심지어 자기 것으로 만들어버리는 몰염치한 사람들을 보면서 기분 좋은 사람은 없을 것이다. 그런데 가끔은 그들의 심정을 조금은 이해할 수 있겠다 싶을 때가 있다. 우연히 그들의 사소한 가정사나 심각한 갈등의 내면을 알게 되어버린 경우가 그럴 것이다. 하지만 안다는 것만으로 그들을 충분히 이해했다고 말하기는 곤란하다. 상대방의 이기심을 이해하게 되는 것은 그와 똑같은 욕구를 나 자신도 느낀 순간일 것이다.

어머니가 자물쇠로 문을 잠그고 있었다. 옆에 서 있던 어린 아들이 말했다.

"나쁜 사람이 들어올까봐 문을 잠그시는 거예요?"

"아니. 정직한 사람을 위해서 잠그는 거란다. 문이 열려 있으면 정직한 사람이라도 유혹을 받을 수 있거든."

정직한 사람들도 때로는 유혹을 받을 수 있다. 견물생심이라고 하지 않았던가. 숨겨져 있던 자신의 욕구가 어떤 것을 계기로 튀어나올 때 우리의 이성이 그것을 통제하지 못하게 된다. 최초의 범죄는 이렇게 갑작스런 욕구를 통제하지 못해서 일어나는 경우가 대부분이라고 한다.

　어느 날 봉이 김선달이 길을 가던 중, 아침에 먹은 것이 탈이 났는지 갑자기 배가 아파 왔다. 급하게 화장실을 찾았지만 옛 시절에 공중화장실 같은 것이 있을 리 없었다. 양반 체면에 길거리에서 일을 볼 수도 없고 자꾸만 조여 오는 아랫배 때문에 여간 심기가 불편한 것이 아니었다. 어쩔 수 없이 길가에 있는 여염집 문을 두드렸더니 무슨 일이냐며 젊은 아낙이 묻고 나왔다. 길을 가다가 급해서 그러니 화장실 좀 잠시 사용할 것을 부탁했더니 아낙은 이렇게 말하는 것이었다.

"남편이 잠시 외출을 하여 혼자 있사오니 들어오실 수 없습니다."

"사정이 급하오니 꼭 좀 부탁드리겠습니다. 잠시면 됩니다."

"어허, 혼자 있어서 안 된다니까요."

"그러면 다섯 냥을 드리겠소이다."

"안 됩니다."

"열 냥을 드리겠소이다."

"음… 그러면 빨리 볼일만 보고 가시는 겁니다."

아낙은 돈 열 냥을 준다는 말에 혹해서 승낙을 하고 말았다. 하지만 화장실에서 볼일을 다 본 김선달은 딴생각이 들기 시작했다. 아무리 화장실이 급해서 들어왔지만 열 냥은 너무 심한 것 아니냐 싶었던 것이다. 그런 생각을 하고 있는 차에 시간이 제법 지났던지 밖에서 아낙이 부르는 소리가 들렸다.

"나으리, 아직 멀었사옵니까? 웬만하면 이제 그만 나오시지요."

"음, 아직 멀었소이다. 변비가 있어서……."

잠시 후 아낙이 다시 와 말했다.

"곧 남편이 돌아올 시각입니다. 어서 나와주시지요."

"아직 멀었다고 하지 않소."

"그러면 다섯 냥을 드릴 테니 나와주시지요."

"어허, 사람을 뭘로 보고. 아직 멀었다니까요."

"열 냥을 드리겠습니다. 아니 열 냥에 닷 냥을 더 얹어드리겠습니다. 제발……."

결국 김선달은 열다섯 냥을 받고서야 화장실에서 나왔다.

여기서 화장실에 갈 때 마음 다르고 나올 때 마음 다르다는 속담이 생겼다는 후문이 있다. 화장실에 가기 전에는 생리적인 욕구를 해결하는 것이 가장 중요했지만 이제 그 욕구를 해결하고 나니 돈이 아까워지는 것이 사람의 마음이다. 먹고살기 힘들 때는 소중하게 생각되던 것들도 돈 좀 생기고 나면 초개처럼 던져버리는 것이 사람 인심이 아니던가. 이렇게 욕구는 마음속에서 우리의 생각과 행동을 지배하는 중요한 요소임에 틀림없다.

주위의 사람들을 가만히 지켜보면 그 사람을 움직이게 하는 욕구를 찾아볼 수 있다. 그리고 사람들마다 욕구는 무척이나 다양하다는 것도 알게 된다. 애정의 욕구가 강한 사람들은 사람들과의 만남을 좋아하고 사교성이 뛰어나다. 존경의 욕구가 높은 사람은 높은 지식과 지위를 얻기 위해 과감하게 자신을 투자한다. 그들 중에는 일중독자들도 꽤 있다. 승진하려면 회사에서 인정받을 수 있을 만큼 일해야 하기 때문이다. 나중에는 그 일이 습관이 되어버리는 경우도 있다. 자아실현의 욕구가 강한 사람들은 회사 업무시간에 자기만의 공부를 하거나 자료를 수집한다. 여차하면 자신이 원하는 일을 찾아서 이직을 하거나 새로운 일에 도전할 준비가 되어 있는 것이다.

위에서 예를 든 김 대리는 생리적인 욕구와 안전의 욕구가 강한 사람이다. 먹고살 수 있는 기본적인 조건들을 충족시키고 미래를 준비해두기 위해서 허리띠를 졸라매는 그는 어찌 보면 불쌍한 사람이다. 인생이라는 소중한 시간을 안전하게 먹고사는 일에만 집착하다가 사라져갈 것이기 때문이다. 이런 사람들을 보면 처음에는 화가 나지만 그의 욕구를 알고 나면 내 마음이 넓어지는 듯한 느낌이 든다.

반면에 홍 대리는 존경의 욕구가 매우 강한 사람이다. 다만 그 존경의 의미를 제대로 파악하지 못하고 그릇된 방식으로 접근하고 있을 뿐이다. 그 또한 어떻게 보면 불쌍한 사람이다. 얼마나 자신감이 부족하면 스스로를 과장하면서까지 남들에게 인정받고 싶어 하는 걸까? 자기 자신을 잔뜩 과장하고 나서 얼마나 비참한 마음이 들까? 또 그것을 통제하지 못하는 마음은 어떨까?

우리 마음속에도 분명 김 대리와 홍 대리가 가진 욕구가 존재할 것이다. 다만 지금은 자물쇠가 잠겨 있어 그 욕구가 드러나지 않을 뿐. 그들의 지나친 욕구를 비난하기에 앞서 내가 가진 그릇된 욕구를 확인해봐야 하는 것은 아닐까?

지나치게 욕구가 강한 사람들을 만났을 때

- 사소한 일에 목숨 거는 그들을 이해할 수가 없다.
- 그들과 반대로 행동하려고 한다. 그들의 짠돌이 같은 모습을 보면서 나는 밥도 사고 술도 사는 넉넉한 사람처럼 행동하려 한다. 승진에 집착하는 사람을 만나면 자신은 승진에 관심도 없는 척 행동하게 된다.
- 가끔은 어떤 일에 집착하고 몰입하는 그들의 모습이 부럽기도 하다.

Solution!

1. '나는 당신이 왜 그렇게 행동하는지 알고 있다'고 넌지시 알리자

지나치게 욕구가 강한 사람은 그것이 밖으로 드러나 보이는 경우가 많다. 의욕이 넘치고 욕심이 강하니 자연스럽게 보통 사람들과 다르게 보인다. 물론 그 중에는 자신의 욕구를 조절해가면서 아주 긍정적으로 자기 인생을 만들어가는 사람도 있다. 그런 사람들은 우리에게 좋은 영향을 미치고 발전적인 만남이 된다.

문제는 이기적인 욕구로 가득 차서 오직 자신만 위로 올라가려는 조급증에 시달리는 사람들이다. 그런 사람은 가까이하지 않는 것이 가장 좋은 방법이다. 그러나 그럴 수 없는 형편이라면 방법은 당신의 선택에 달려 있다. 이기심이 강한 사람은 자신의 마음을 다른 사람에게 들키는 것을 매우 두려워한다. '나는 당신이 왜 그렇게 행동하는지 알고 있다.' 이렇게 언질을 줘보자. 자신의 마음을 꿰뚫어보는 사람을 두려워하지 않을 사람이 몇이나 될까? 그는 당신에게 함부로 하지 못할 것이고 무리한 부탁을 하지도 못할 것이다.

2. 반동형성에 유의하자

우리는 마음에 들지 않는 사람들의 행동과 반대되는 행동을 하려는 경향이 있다. 이른바 '반동형성'이다. 마음에 들지 않는 사람이 말이 많으면 나의 말수는 적어지고, 그가 술을 좋아하면 술이 싫어지고, 그가 쉬었다가 하자고 말하면 나는 혼자 일하려고 한다. 내가 마음속으로 원하는 것을 하는 것이 아니라 미워하는 사람이 행동하는 것과는 반대로 행동하려는 마음이 생긴 것이다. 그러나 그것은 우리의 본성에 가까운 것들이 아닌 경우가 많다.

이렇게 상대방과 반대되는 행동을 반복하다 보면 자연스럽게 사람들과 멀어진다. 또한 나의 본래 모습이 아닌 평소와는 다른 어색한 모습을 보여주게 된다. 이런 행동들은 자신의 발전에 도움이 되지 않는 경우가 많다. 우리는 우리가 원하는 행동을 할 때 자신감을 얻고 발전할 수 있다.

상대방이 밉게 보인다는 이유로 사사건건 그가 하는 행동과 반대로 움직이는 것은 어리석은 사람이 하는 짓이다.

3. 에너지를 얻자

욕구가 강한 사람은 강한 에너지를 가지고 있다. 개인적인 이기심에서부터 이타적인 인류애까지 다양한 욕구가 있는데 정작 문제는 내가 그들만큼의 욕구를 갖고 있지 못하기 때문에 그들의 욕구를 비하하려 한다는 사실에 있다. 그러므로 지나치게 욕구가 강한 사람들을 만나더라도 거부감부터 느낄 것이 아니라 그들의 장점과 에너지를 배울 필요가 있다. 그들로부터 에너지를 얻어서 나에게 맞는 건강한 것으로 다시 만들 수 있을 때 우리는 그들이 주는 부정적인 스트레스로부터 벗어날 수 있다.

지나치게 욕구가 강한 사람들을 만났을 때
1. '나는 당신이 왜 그렇게 행동하는지 알고 있다'
고 넌지시 알리자
2. 반동형성에 유의하자
3. 에너지를 얻자

건강한 자존심을 찾자

김 과장은 이번 승진심사에서도 탈락하고 말았다. 세 번째 도전에서도 물을 먹은 것이다. 알게 모르게 윗선에 다양한 연줄을 만들어놓았는데도 실패하고 만 그는 화가 났다. 동기들은 날마다 승전고를 올리고 있는데 자신은 무엇을 하고 있나 싶어 한심한 생각도 들었다.

소식을 들은 부하 직원들이 김 과장에게 위로의 말을 건네 온다. 그럴 때마다 가슴이 아픈 김 과장은 매번 똑같은 말로 자신을 합리화하곤 했다.

"괜찮아. 승진 먼저 하면 나중에 구조조정 대상만 돼. 좋을 게 없어. 사오정이라는 말도 몰라?"

물론 빨리 승진하면 남들보다 먼저 구조조정 대상이 될 수도 있을 것이다. 하지만 승진하고 싶지 않은 사람이 어디 있을까? 남들보다 먼저 가지는 못해도 최소한 비슷하게라도 가야 한다는 것이 모든 직장인들의 공통된 마음일 것이다. 더구나 계급정년제다 실적평가제다 해서 승진 못하고 남아 있는 것이 안전하던 시대는 가고 승진과 관계없이 구조조정의 대상이 되는 시대가 왔다.

김 과장이 이것을 모르지 않을진대 이런 말을 던진 것은 바로 자기 합리화를 위해서다. 무의식적으로 스스로를 보호하기 위해 나온 말인 것이다.

사람들은 자신에게 불리하거나 자존심을 다칠 것 같은 상황에 직면하면 주어진 현실을 왜곡함으로써 불안을 잠재우고 자아를 보호하려는 경향이 있다.

이것이 프로이트가 말한 '방어기제(Defense mechanism)'라는 것인데, 대체로 수치스러운 기억을 억압하거나, 참기 어려운 상황을 부인하거나, 자신의 감정에 그럴 듯한 이유를 갖다 붙이는 합리화 같은 모습으로 나타나는 경우가 많다.

얼마 전 은행 옆에 잠시 주차를 해두고 볼일을 보고 나오다 보니 주차단속 요원이 내 차에 불법주차 스티커를 끊고 있었다. 재빨리 뛰어가서 '한번만 봐달라'며 빌어봤지만 이미 스티커를 발부했기 때문에 자신도 어쩔 수 없다는 말만 들을 수 있었다. 이미 취소가 불가능하다는 사실을 감지한 나는 그때부터 항의성 태도로 자세를 바꾸었다. 다른 차들은 20분도 넘게 불법주차를 해도 가만두고 왜 내 차부터 단속을 하느냐는 식으로 주차단속에 대한 불만을 토로한 것이었다. 한참을 옥신각신하던 끝에 그 주차단속 요원은 도저히 안 되겠다는 표정을 지으며 이렇게 말하고는 뒤돌아 가버렸다.

"법대로 하겠습니다."

주차단속 요원은 자신은 법대로 정확하게 집행을 했음을 알려 그 자리를 피하고 싶었던 것이다. 나는 법에 따라서 일하고 있으니 나에게 더 이상 항의하지 말라는 의사표시인 셈이다. 이런 방어기제들을 주위에서 쉽게 발견하곤 한다. 오늘 아침에도 불만으로 가득 찬 고객의 전화 상담을 하면서 "규정 때문에…"라는 말과 "지금 그게 중요한 게 아니잖아요"라는 말을 반복하면서 자신을 보호하는 동료의 모습을 보았다.

김 과장의 경우도 승진에서 탈락했다는 사실로부터 상처를 덜 받기 위해 자신을 합리화했다고 볼 수 있다.

하지만 다른 사람의 입장에서 보면 '참 딱한 사람'이라고 보일 때가 많다. 그냥 스스로의 부족함을 인정하면 그만일 텐데 왜 저렇게 자신을 속이면서까지 변명을 해야 하나 싶은 것이다. 보통 사람들은 잘 모르지만 지혜로운 사람들의 눈에는 보이는 것이 방어기제의 약점이다. 그래서 자신을 보호하려고 방어기제를 작동시키는 사람들을 안쓰러워하게 된다. 구겨진 자신의 자존심을 보호하려는 발버둥처럼 보이기 때문이다.

어느 마을에 부자가 살고 있었다.

마을 사람들은 그 부자 앞에서 허리를 굽혔는데 유독 가난한 선비만
은 언제나 그를 모르는 체했다.

'아니 가난한 주제에 뭐가 잘났다고 고개를 뻣뻣이 들고 다니는 거
야?'

부자는 몹시 기분이 나쁘고 화가 났다.

어느 날, 부자와 가난한 선비가 길에서 마주쳤다. 그날 역시 가난한
선비는 고개를 꼿꼿이 세우고 지나갔다. 보다 못한 부자가 선비를 붙잡
고 물었다.

"이것 보시오. 나는 세상이 다 부러워하는 부자요. 그런데 어째서 나
를 보고도 머리를 숙이지 않는 거요?"

"당신이 돈이 많은 부자지만 그 돈을 내게 준 것도 아닌데 내가 무엇
때문에 머리를 숙이겠소."

"좋소, 그럼 내가 당신에게 내 재산의 십분의 일을 주면 고개를 숙이
겠소?"

"그만한 일로 머리를 숙이지는 않지요."

"그럼 내 재산의 반을 주지요. 그러면 고개를 숙이겠소?"

"그렇다면 당신과 나는 같은 처지가 되는데, 내가 왜 고개를 숙이겠
소."

부자는 약이 올랐다.

"좋소, 그러면 내 재산을 전부를 주겠소. 이제 고개를 숙이시오."

그러자 가난한 선비는 갑자기 위엄을 차린 목소리로 이렇게 말했다.

"부자였다가 가난뱅이가 된 양반아, 그러면 내가 부자인데 당신한테 왜 머리를 숙이겠냐!"

부자는 속이 끓어서 미칠 지경이 되고 말았다.

누구에게나 남들로부터 인정받고 싶어 하는 욕구가 있다. 그런데 살다 보면 그 욕구가 충족되기는커녕 무너져 내리는 순간을 경험하지 않을 수 없다. 이때 스스로를 어떻게 대하느냐에 따라 자기 자신의 삶의 깊이가 결정된다.

존경의 정도는 자기가 판단하는 것이 아니라 남이 나를 어떻게 평가하느냐에 달려 있다. 그래서 존경받고 싶어 하는 사람들은 배려심 있고 친절한 마음으로 살아야 하는 것이다. 하지만 자존심은 남이 평가하는 게 아니라 자기 자신이 스스로에게 부여하는 것이다. 자신이 얼마나 성실하며 올바르게 살고 있는지 가장 잘 알고 있는 사람은 바로 자기 자신이다. 그런 자신에 대한 믿음에서 건강한 자존심이 생기는 것이지 남들의 평가에서 나오는 것은 아니라고 믿는다. 남들의 평가에서 얻어진 자존심이라면 남들에 의해서 무너질 수밖에 없지 않을까?

건강한 자존심을 찾는다면 방어기제를 작동시키지 않고서도 우리는 충분히 건강한 삶을 살아갈 수 있을 것이다.

자존심이 상했을 때

- 부끄러운 마음이 들면서 무엇인가 이 상황을 타개할 변명거리를 만들어내야 한다고 느낀다.
- 자존심을 다치게 한 사람을 별 이유 없이 미워한다.
- 그때 상황을 잊지 못하고 사람들을 기피하여 업무능률이 떨어진다.

1. 변명하지 말자

'거짓말쟁이가 받는 최대의 벌은 그가 진실을 말했을 때 사람들이 믿지 않는다는 데 있다' 는 말을 기억하라. 진실한 사람들은 그런 벌을 받을 필요가 없을 것이다. 사실 우리는 진실하지 않기 때문에 자존심이 강해지는지도 모른다. 나와 타인에게 진실하다면 자존심을 앞세울 리 없다. 내가 돈이 없다는 사실을 다른 사람에게 솔직히 말했다면 자존심 때문에 억지로 무리해가면서 점심 값을 내야 할 이유도 없어지지 않을까?

2. 진실한 자존심을 찾는 계기로 삼자

그런데 문제는 내일부터 솔직할 수는 있지만 오늘 당장은 자존심이 상할 수 있다는 것이다. 이럴 때는 오늘의 다친 자존심을 통해 내일의 건강한 자존심을 만들어나가는 계기를 삼을 수밖에는 없다. '자존심은 남이 세워주는 것이 아니다.' 이 말을 기억하면서 스스로에게 더욱 당당해지기 위해 마음을 다잡아보자. 그것이 최선이다.

3. 카리스마에 기대지 말자

이 말이 도움이 되었으면 싶다.

"카리스마는 깨어진다. 한번 깨어지기 시작하면 누수작용을 감당할 수 없다. 카리스마에 기대지 마라. 언젠가는 망한다."

4. 그 순간 고치자

논어에 이르기를 "소인들은 잘못을 저지르면 반드시 꾸며댄다"고 했다. 잘못을 저질렀다면 이를 고치려는 것이 올바른데, 잘못이 아니라는 식으로 자신을 꾸미기 때문에 더 큰 잘못을 범하게 된다는 뜻이다. 자존심이 상할 정도로 잘못했거나 부족한 점을 발견했다면 그 순간 '반드시 고치고 말겠어'라고 결심하자. 더 좋은 해결책은 없을 것이다.

나에게도
남에게도 화내지 말자

박 과장은 이른바 여우형 상사다. 윗사람에게는 죽어라고 아부하면서도 아랫사람에게는 반말과 지시로 일관한다. 게다가 야근과 철야로 부려먹고는 그 공을 자신의 것으로 몽땅 빼돌린다. 직장인들이 가장 싫어하는 상사의 유형이 바로 그다.

능력도 없고 노력도 없이 부하 직원들을 닦달해서 성과를 얻고는 혼자 꿀꺽해버리는 착취자를 직장인들은 가장 싫어한다. 에리히 프롬에 의하면 이런 권위주의적인 태도는 자신의 무능력에 대한 불인정이 왜곡된 형태로 표출되는 것이라고 한다. 부하 직원들을 핍박하거나 힘 있는 사람에게 뭔가 있는 척 보임으로써 자신의 무능력을 감추려는 의도인 것이다. 박 과장 또한 자신의 무능력에 대한 불만이 왜곡된 사회적 형태로 나타나는 불쌍한 사람 중의 하나임이 분명하다.

현대 조직의 중간관리자들은 가장 피곤한 자리에 있다. 위로는 상사들의 실적압력을 견뎌내야 하고 아래로는 팀원들의 인간관계와 사내에서 떠도는 악덕 유언비어에 신경 써야 한다. 게다가 사오정을 경험하지 않으려면 남들에게 인정받을 만한 경력도 쌓아야 한다. 이런 상태에서 자신이 무능력하다는 사실을 인정하게 되면 그의 인생은 무너져 내릴 것이 뻔하다. 그렇게 되지 않으려고 박 과장은 오늘도 자신의 무능력함을 애써 모른 체하고 부하들을 독려하며 상사들에게 줄을 대고 있는 것이다.

10년 동안 집안에서 아이를 키우고 살림을 도맡아 했던 주부가 있다. 아이들이 학교에 들어가고 여유시간이 생기면서 그녀는 친구들과 어울렸다. 그런데 친구들은 예전의 그 모습들이 아니었다. 각자 직업을 갖고 나름대로 성공했다고 자부하면서 바쁘게 뛰어다녔고 술자리에서조차도 왠지 나만 따돌리고 이야기하는 듯한 느낌을 지울 수가 없었다. 남편이 퇴근해 돌아오자 괜한 트집을 잡아서 화를 내고 말았다. 남편에게는 미안했지만 다음날 아침에도 우울한 마음은 풀리지 않았다.

이른바 주부우울증의 시초이다. 이런 현상들은 모두 자신의 현재 모습에 만족하지 못하기 때문에 다른 사람, 특히 자기보다 약한 사람에게 화풀이를 하는 것으로 나타난다. 그런 의미에서 박 과장이나 우울한 주부는 불쌍한 사람들이다.

실제로 이런 사람들과 같이 근무하다 보면 상당한 스트레스를 받는다. 이기심이 극도에 달해 너무나 신경질적으로 보이고, 게다가 그 화풀이를 나에게 하고 있으니 그 성화를 어떻게 견뎌내야 할지 까마득하다.

그런 사람들은 상대방을 불신해서 일일이 감시하려고 한다. 남에 대한 불신은 자신을 믿지 못하는 정도에 비례한다고 하지 않던가. 스스로를 믿지 못하니 당연히 남들도 믿지 못하는 것이다. 스스로 능력이 없다고 생각하기 때문에 남들도 능력이 없다고 생각하게 된다. 믿지 못하니 사사건건 간섭할 수밖에 없다.

아이들의 일상을 사사건건 눈으로 확인해야만 하는 사람이 있다. 아이들을 믿지 못하는 것이다. 반대로 아이들의 일상을 눈으로 보지 않아도 뻔하다고 생각하면서 아이들을 믿지 못하는 사람도 있다. 두 부류의 사람들 모두 다 아이들을 불신한다는 것은 똑같다. 그런데 그 불신은 바로 자기 자신이 어릴 적 부모님을 속였던 기억에서 기인한다. 자신이 어릴 때 솔직하지 못했기 때문에 지금의 자기 아이들을 믿지 못하는 것이다. 사실은 지금의 자기 또한 어릴 때의 그 솔직하지 못한 그 모습 그대로인 듯하다.

그렇게 자신의 사회적 지위나 역할이 자기 능력과 일치하지 않는다는 사실을 두려워하는 사람들은 거드름을 피우기도 한다. 다른 사람들에게 인정받고 싶어 자기를 조금이라도 더 뛰어난 사람으로 인식시키려는 다양한 시도를 하고 있는 것이다.

다른 사람에 분노를 쏟아 부어 부족함을 감추는 사람이나 거드름을 피워서 능력을 인정받고 싶어 하는 사람들 모두 자신에 대해 만족하지 못하기는 마찬가지다.

　　당신은 다른 사람들에게 자주 화를 자주 내는 편인가? 그렇다면 다른 사람의 잘못을 생각하기 전에 자신의 문제는 무엇인지 생각해보자. 나 자신이 너무도 부족하고 모자라기 때문에 상대방을 비판하고 깎아 내리려는 것은 아닐까?

　　TV 토론장의 논객들은 논리적으로 자신의 생각을 증명하는 사람들이 아니다. 처음에는 올바른 논리를 통해 자신의 생각을 인정받으려고 시도했겠지만, 상대방의 반론에 부딪히다 보면 이제는 논리가 문제가 아니라 공격받은 내 자존심이 중요해진다. 자연스럽게 논리보다는 감정이 앞선다. 상대방에게 지지 않겠다는 감정을 보호하기 위해서 억지로 논리들을 끌어다 맞추려 한다. 그런 장면들을 보노라면 벼랑 끝에 선 그의 자존심이 눈앞에 선하게 보인다.

　　안타깝지만 이것이 우리의 현실이다. 그래서 나는 논쟁은 하지 않는 편이 좋다고 생각하며 살고 있다. 논쟁을 하느니 차라리 우스갯소리나 하면서 시간을 보내는 것이 낫다.

거드름 피우는 사람을 만났을 때

- 아무 생각 없이 떠벌리고 다니는 것을 보면 화가 난다.
- 저 사람은 인격적으로 문제가 있다는 생각이 들면서 앞으로 대화를 하지 말아야겠다고 결심한다.
- '저렇게 자신을 당당하게 자랑할 수도 있구나' 싶어 가끔은 부러운 생각이 들기도 한다.

Solution!

1. 화가 나는 이유를 생각해보자

거드름 피우는 사람을 만나면 화가 난다. 왜 그럴까? 나 자신이 그 사람보다 못하다는 생각 때문은 아닐까? 내가 그 사람보다 못하기 때문에 그에게 화를 내고 있는지도 모른다. 자신에게 불만이 있는 사람은 다른 사람에게 화를 낸다고 했는데, 그 사람이 바로 나 자신일 수도 있지 않을까.

2. 뛰어난 사람이 되자

만약 그렇다면 답은 나와 있다. 바로 거드름을 피우는 사람보다 훌륭한 사람이 되는 것이다. 자신이 다른 사람보다 뛰어나서 현격한 실력 차이를 느끼게 되면 다른 사람들이 아무리 깝치고 떠들어도 그냥 웃고 넘어갈 수 있다. 할아버지는 손자가 아무리 기어올라도 귀엽다고만 한다. 우리가 할아버지가 된다면 거드름은 재롱이 되지 않을까 싶다. 그러려면 오늘도 부지런히 자신을 갈고 닦아야 한다.

3. 무시하자

화가 나는 이유가 너무도 황당한 과장과 엉터리 논리 때문이라면 무시하는 것이 가장 좋은 방법이다. 그냥 그렇게 살도록 내버려두는 것이 서로의 정신건강을 위해서 좋다. 그냥 한번 웃어주는 것만으로도 충분하다는 말이다. 그가 내 웃음의 의미를 자기 자신을 인정해주는 것이라고 믿는다 해도 좋다. 상대방의 논리에 말려들어 곤란한 상황을 자초할 필요는 없는 것이다.

거드름 피우는 사람을 만났을 때
1. 화가 나는 이유를 생각해보자
2. 뛰어난 사람이 되자
3. 무시하자

다른 사람들의
비판을 편하게 받아들이자

"저는 사람들에게 많은 비난을 받고 있습니다."

맥계의 말을 듣고 맹자가 대답했다.

"문제될 것이 없소. 선비에게는 더욱 구설수가 많습니다. 그들의 노여움을 없애지는 못했으나 명성을 잃지도 않을 것입니다."

불혹(不惑)이라는 말이 있다. 마흔 살의 나이를 가리키는 말로 그 뜻은 '미혹되지 않는다'는 것이다. 공자는 자신의 인생을 돌아보면서 열다섯에 학문에 뜻을 두었고(志學), 서른 살에 섰으며(而立), 마흔 살에 미혹되지 않았고(不惑), 쉰 살에 천명을 알았으며(知天命), 예순 살에 귀가 순해졌고(耳順), 일흔 살에 마음이 하고자 하는 바를 따르게 되었다 (從心)고 했다. 불혹에는 다른 사람들이 나에게 던지는 평가에 대해서 흔들림 없는 자세를 가지는 것까지 포함될 것이다.

공자와는 달리 보통 사람들은 일흔이 되어도 타인의 비난에 너무나 큰 마음의 상처를 받는다. 세계적으로 저명한 경영 컨설턴트인 찰스 핸디조차 이런 말로 자신의 마음을 표현한 적이 있다.

"고객의 필요에 예민하게 반응하는 능력은 동시에 혹평에 상처받기 쉽다. 그리고 그런 상처는 좀처럼 아물지 않는다."

그렇다면 우리는 왜 다른 사람들의 비평에 마음의 상처를 받는 것일까?

첫째, 보다 높은 곳을 지향하기 때문이다. 생존경쟁에 민감한 현대인들에게 자신의 지위를 유지하거나 승진하는 일은 아주 중요하다. 현대사회에서 인간관계가 중요하다고 외치는 사람들이 많기 때문에 그렇게 세뇌되어왔는지도 모른다. 현재의 것을 지키려고 하고 높은 곳을 지향하면 할수록 다른 사람들의 평가에 민감해질 수밖에 없는 것이 아닐까.

둘째, 전통적으로 갈등의 상황에 대해서 익숙하지 않다는 점이다. 옛날부터 한국 사람은 이웃과 잘 지내고 부모님 공경하고 형제자매들과 협동하면서 살아야 한다는 윤리를 강요받아온 것이 사실이다. 그러다 보니 자연스럽게 갈등을 불편해하고 그런 상황이 만들어지지 않도록 노력하게 되었다. 직장인들에게 물어보면 고객을 만나고 상사를 직접 대면해야 하는 일보다는 물건을 다루거나 문서를 만드는 일이 더 좋다고 말하는데, 그런 일들은 인간관계의 갈등이 없기 때문이다.

셋째, 보다 근본적인 이유는 자기 스스로를 평가할 수 있는 나름의 기준이 없기 때문이다. 자기평가의 기준이 없을 때 우리는 다른 곳, 다른 사람들에게서 빌려올 수밖에 없다. 그것이 실적이고 평가가 아니겠는가. 반대로 말하면 자신을 평가할 수 있는 스스로의 기준을 갖고 있을 때 세상 사람들의 이목으로부터 자유로워질 가능성도 많다는 것이다.

사실 나 또한 사람들의 평가로부터 자유롭지는 않다. 내 책에 대한 평가를 들을 때 특히 그렇다. 항상 좋은 평가만 있을 수는 없고 간혹 '부담스럽다'거나 '별로다'라는 이야기도 듣곤 한다. 그럴 때면 가슴이 아파 온다. 하지만 그 순간이 지나고 점차 시간이 지나면서 좋지 못한 평가들도 마음속에서 잊혀진다. 시간이 감정을 무디게 하는 것이다.

무엇인가 새로운 것이 세상에 등장할 때에는 항상 저항에 부딪힌다는 사실도 감정을 정리하는 데 도움이 된다. 사람들은 지금 하고 있는 익숙한 일에 안정감을 느끼는데, 누군가 혁신적인 것들을 자기 앞에 들이밀면 반감부터 생긴다. 그래서 사람들이 나의 주장이나 행동에 좋지 못한 평가를 내리면 오히려 긍정적으로 생각할 수도 있게 된다. 내 생각이 틀려서 인정받지 못하는 것이 아니라 다른 사람들의 생각과 다르기 때문에 비판받는 것이라면 오히려 그것이 더 좋을 수도 있다고 생각한다.

게다가 평가가 낮은 사람은 자신을 관리하기 편하니 더더욱 실망할 필요가 없다. 사회적으로 높은 평가를 받는 사람들은 그런 평판을 유지하기 위해 엄청난 노력을 쏟아 부어야 한다. 그렇지만 보통 이하의 평가를 받는 사람들은 남들이 큰 기대를 하지 않기 때문에 별달리 노력하지 않아도 자신의 평판을 높여갈 수 있다. 이번 학기에 시험 점수가 좋지 않은 사람이 다음 학기에 성적을 높이는 것이 더 쉬운 것처럼.

시간이 흘러가거나 자신의 생각에 어느 정도의 믿음이 생기면 우리는 비로소 타인의 비판으로부터 자유를 얻을 수 있다. 비록 완전하지는 않더라도 말이다.

혹평을 들었을 때

- 자신의 부족함에 대한 자괴감이 엄습해온다.
- 손발이 떨리거나 얼굴이 빨갛게 달아오른다.
- 일과 사람을 만나는 일에 자신감을 잃는다.

Solution!

1. 알려고 하지 않는 것이 문제다

모르는 것이 문제가 아니라 알려고 하지 않는 것이 문제라는 말이 있다. 이 말의 핵심은 바로 현재보다 미래가 중요하며, 사람은 지금 당장 갖고 있는 것보다 노력하는 태도에 따라 평가되어야 한다는 점일 것이다. 그러므로 노력하는 사람이라면 지금의 혹평 정도는 발전의 채찍질로 받아들일 수 있을 것이다.

2. 절대적인 잘못은 없다

비판이나 혹평은 그것을 하는 사람의 입장에서만 옳은 것이다. 아무리 그들이 강요한다 해도 듣는 사람들은 그 진의를 스스로 판단할 뿐이다. 그런 의미에서 내가 옳다면 아무리 심한 혹평이라도 제3자들이 믿지 않을 것이다.

훌륭한 승리자는 대적하지 않고, 훌륭한 경영자는 스스로를 낮추는 법이다.

3. 인간은 피해를 주고받으면서 살아가는 존재이다

사람으로 태어난 이상 우리는 서로에게 불편을 주는 관계를 맺을 수밖에 없다. 태어나서 존재한다는 것 자체가 다른 사람들과 같은 공간을 공유하며 물, 공기 등의 제한된 자원을 나누어 사용하는 것이다. 사람의 사람에 의한 피해는 예견된 것이다. 이렇듯 인간은 서로 피해를 주면서 살 수밖에 없는 존재임을 생각하면서 사람에 대해 너무 큰 기대감을 갖지 않고 자신을 추스를 수 있다면 그것으로 마음의 안정은 찾은 셈이다.

혹평을 들었을 때

1. 알려고 하지 않는 것이 문제다

2. 절대적인 잘못은 없다

3. 인간은 피해를 주고받으면서 살아가는 존재이다

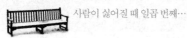

물귀신 작전의 희생자가 되지 말자

서로 미워하는 두 사람이 한 배를 탔다. 한 사람은 앞쪽에 다른 한 사람은 뒤쪽 끝에 앉아서 고개를 다른 곳으로 돌리고 있었다. 얼마 후 갑자기 풍랑이 일면서 배가 가라앉을 위기에 처하고 말았다.

앞쪽에 앉아 있던 사람이 조타수에게 외쳤다.

"배의 어느 부분이 먼저 가라앉을 것 같소?"

"아무래도 뒤쪽이 먼저 가라앉을 것 같습니다. 그런데 그건 왜 물으시오?"

"나는 죽어도 상관이 없소. 다만 나보다 내 원수가 먼저 죽는 꼴을 보고 싶기 때문이오."

귤화위지(橘化爲枳)라는 말이 있다. 있는 그대로 풀이하자면 귤이 변해서 탱자가 된다는 뜻으로, 주위의 환경에 따라서 사물의 성질이 변한다는 사실을 알려주는 고사다.

춘추시대의 유명한 명재상 안영이 초나라를 방문하였다. 초나라 왕은 안영이 제나라의 뛰어난 인재라는 사실을 알고 그를 모욕하기 위한 방법을 짜내었다. 마침내 제나라 출신의 죄인을 데리고 와서 제나라 재상인 안영에게 모욕을 주어야겠다는 결정을 내렸다.

얼마 후 안영이 도착하자 초나라 왕은 잔치를 베풀면서 그를 환영하는 척하였다. 잔치가 무르익을 때쯤, 관리들이 한 사람을 포박하여 왕 앞으로 끌고 왔다.

"포박당한 자는 누구인가?"

"제나라 사람인데, 도둑질을 했습니다."

안영을 놀려줄 욕심에 왕은 넌지시 말했다.

"제나라 사람들은 정말로 도둑질을 잘하는 모양입니다."

그러자 안영은 이렇게 대답했다.

"귤이 회남(淮南)에서 나면 귤이 되지만, 회북에서 나면 탱자가 된다고 합니다. 잎은 서로 비슷하지만 그 과실의 맛은 다릅니다. 그 까닭은 물과 땅이 다르기 때문입니다. 지금 백성들 중 제나라에서 나고 성장한 자는 도둑질을 하지 않습니다. 그런데 초나라로 들어오면 모두 도둑이 된다고 합니다. 초나라의 물과 땅이 백성들로 하여금 도둑질을 잘하게 하는 것입니다."

안영을 놀려주겠다던 왕은 안영의 지혜로 오히려 자기가 웃음거리가 되고 말았다.

물귀신 작전을 쓰는 사람들이 많다. 후배나 동료들이 뭔가를 새롭게 시작하려고 하면 꼭 이런 말을 던지는 사람들이 있다.

"그거? 내가 다 해봤는데 안 돼. 소용없는 일이야."

"집에 일찍 들어가면 뭐해. 술이나 한잔 더 하자구."

"너무 열심히 하지 마. 우리 회사는 그렇게 열심히 한다고 알아주는 곳이 아니야."

이런 말들은 그때그때 기분에서 나온 말이지만 알고 보면 자신뿐만 아니라 다른 사람의 발목까지 잡고 늘어지는 물귀신 작전과 같다. 내가 다 해봤으니까 더 이상 도전할 필요가 없다는 말은 내가 못했으니 너도 성공해서는 안 된다는 말과 같고, 술이나 한잔 더 하자는 말은 내가 일찍 집에 들어가기가 싫으니 너도 늦게 들어가야 한다는 말과 같고, 너무 열심히 하지 말라는 말은 내가 인정받지 못하고 있으니 너도 인정받아서는 안 된다는 말과 다를 것이 없다. 이것이 발목잡기가 아니고 무엇일까?

그래서 나는 이런 사람들의 말을 가슴속에 담아두지 않으려고 노력한다. 동료들의 밑거름이 되어주지는 못할망정 그들의 발목을 잡고 같이 물에 빠져 죽자고 나서는 사람의 동료가 될 필요는 없다. 그래서 옛 성인들이 '부정적인 사람을 보거든 즉시 그 자리에서 도망쳐라'고 했던 것이리라.

"어진 사람은 자신이 사랑하는 대상으로써 자신이 사랑하지 않는 대상까지 영향을 미치게 하고, 어질지 않은 사람은 자신이 사랑하지 않는 대상으로써 자기가 사랑하는 대상에까지 영향을 미치게 한다."

맹자의 말이다. 어진 사람은 자신이 사랑하는 사람에게 긍정적인 영향을 미치고 그가 성공할 수 있도록 돕는다. 하지만 어질지 못한 사람은 자신의 실패로 인해 동료나 가족들까지 실패하게 만든다. 맹자는 이런 어질지 못한 사람들에게 쓴소리를 하고 있는 것이다.

물귀신 작전을 쓰는 사람들은 어디에나 있게 마련이다. 그렇다면 문제는 어떻게 하면 그들로부터 부정적인 영향을 받지 않을 수 있을까 하는 점이다. 그들의 말을 거부하고 자신이 생각하는 길을 가자면 용기가 필요할 것이고 판단력 또한 따라줘야 한다. 이럴 때 사람들이 말하는 것을 따르지 않으면 그들을 잃어버리게 될지도 모른다는 두려움도 생길 것이다. 하지만 물귀신 작전에 휘말리는 것보다는 차라리 그들을 잃어버리는 것이 낫다. 그렇게 해서 당신을 떠나갈 사람이라면 어차피 머지않아 떠날 것이다. 무엇인가를 하기 위해서는 언제나 용기가 필요한 법이다.

사람을 잃을까 걱정될 때

- 다른 사람의 부탁을 거절하지 못한다.
- 거절했을 때 나에 대해서 실망하면 어쩌나 하는 걱정이 앞선다.
- 마지못해서 이런저런 부탁을 들어주다가 정작 내가 해야할 일을 못하게 될까 걱정스럽다.
- 무엇보다 거절하지 못하는 나약한 내 성격이 마음에 들지 않는다.

Solution!

1. 할 수 있는 만큼만 들어주라

친구가 돈을 빌려달라고 하면 사람들은 마지못해서 빌려준다. 친구를 잃을까봐 걱정되기 때문에 부탁을 뿌리치지 못한다. 그러고는 돈을 못 받게 될까봐 안절부절한다. 이렇게 하면 돈도 잃고 친구도 잃게 된다. 그래서 선현들은 친구에게 돈을 빌려줄 때에는 못 받아도 괜찮다고 생각하고, 돌려받지 못하더라도 마음의 상처를 받지 않을 정도의 금액만 빌려주라고 말한다. 그래야 돈을 잃더라도 친구만은 지킬 수 있다는 것이다.

2. 원치 않을 때는 반드시 거절하라

우리는 주변의 사람을 잃을까 걱정스러워 그들의 부탁을 들어주거나 자신의 생각과는 다른 행동을 하게 된다. 원하지 않는 방향으로 움직였으니 당연히 그 과정이나 결과가 만족스러울 리 없다. 그래서 나는 사람을 잃더라도 내가 하고 싶은 방향으로 결정을 내리고 움직이려고 노력한다. 그 편이 내 인생을 내가 책임질 수 있는 최선의 방법이기 때문이다. 그렇게 움직였을 때 사람들이 나를 저버리고 떠나가는 일은 웬만해선 일어나지 않았다.

3. 그들도 나를 잃어버릴까 두려워한다

그들 또한 나를 잃어버릴 것을 염려하기 때문에 쉽게 실망스러운 표정을 보이지 않을 것이다. 게다가 내가 합리적으로 거절했기 때문에 마땅히 나의 논리를 반박할 이유도 없다. 당연히 우리의 관계는 원만하게 유지될 것이다. 합리적인 거절을 했다는 이유로 나를 버리려는 사람은 나에게도 필요하지 않다.

배려보다도 용기가 필요한 경우가 많다. 그리고 때로는 용기가 배려가 되는 경우도 있다.

기대와 실망의 심리전을 이해하자

지하철에서 자리를 양보하지 않는 젊은이에게 화를 내는 노인들이 있다. 자신은 대접받을 자격이 있다고 생각하는데 젊은이가 자리를 비켜주지 않으니 마음이 불편했던 것이리라. 그 노인은 분명히 젊은이가 자리를 비켜주기를 기대하고 있었을 것이다. 그런 기대가 없는 노인은 아예 서서 가겠다는 결심을 하고 지하철에 오를 것이다.

직장에서도 이런 기대와 실망의 심리전은 하루에도 여러 번 반복된다. 상사는 부하가 '이 정도는 해주겠지.' 하고 자기만의 기대감으로 일을 맡긴다. 물론 부하는 '이 정도면 일했으면 팀장으로부터 어떤 보답이 있겠지' 라고 생각하며 일을 한다. 그 두 사람의 기대와 실망이 교차하면서 상하간의 갈등은 시작되는 것이다.

어느 날 한 친구를 따라 치과에 갔다. 불친절이 몸에 배인 듯한 간호사들은 원장의 친구라는 말에 노골적으로 얼굴을 찌푸렸다. 동행한 친구가 간호사에게 우리가 뭐 잘못했냐고 물었더니 한 간호사가 이렇게 말했다.

"돈을 주는 만큼만 일을 시켜야죠!"

임금에 대한 불만 때문에 친구들인 우리까지 불편하게 대했던 것이다.

치과 원장인 친구와 함께 술을 한잔 하면서 우리는 간호사가 했던 말을 그대로 들려주었다. 그러자 그 친구는 이렇게 말했다.

"얼씨구? 최소한 월급 준 만큼은 일을 해야 할 것 아니야!"

순간 간호사와 원장이 서로 기대하는 만큼 충족하지 못하고 있구나 하는 생각이 들었다.

우리가 다른 사람에게 화가 나는 이유는 그 사람에게 어떤 보답을 기대하고 있기 때문이다. 그렇지 않다면 그들에게 화를 내야 할 이유가 없지 않은가.

아이의 성적이 나쁘면 부모들은 아이에게 화를 낸다. 부모가 주는 용돈이 적거나 운동회 때 학교에 오지 못한다는 말을 들으면 아이들은 화를 낸다. 부하 직원이 실적이 나쁘면 부하에게 화를 낸다. 열심히 일을 했는데도 한 만큼 인정받지 못했을 때 부하 직원들은 화를 낸다.

친구가 약속시간을 지키지 않았을 때 우리는 화를 낸다. 이유는 단하나. 그가 약속시간을 지킬 것이라고 기대하고 있었기 때문이다. 기대가 없으면 실망도 없고 분노도 없을 것이다.

뒤집어서 생각해보면, 상대방이 나에게 화를 내고 있다면 무엇인가 기대했던 부분이 충족되지 않았다는 말이다. 그 기대가 무엇인지 정확히 알기는 어렵지만 어쨌든 무엇인가 부족한 것은 사실이다. 인간관계를 푸는 열쇠는 그 기대가 무엇인지를 정확히 확인하는 것에 있지 않을까. 고객 또한 그럴 것이다.

나는 사람의 정신적인 건강상태를 결정하는 가장 좋은 기준은 다른 사람들에게 얼마나 기대며 사는가라고 생각한다. 노인이든 젊은이든 상대방이 뭔가를 해주겠지 하며 기대하면 자신이 할 수 있는 일조차도 남에게 미룰 것이고 결국 자신을 위해서 해야 할 일도 미룰 것이 뻔하다. 결국 자신의 실패를 다른 사람이나 환경 탓으로 돌려 삶의 주인공이 되는 일을 포기하고 말 것이다. 스스로 노력하지 않았기 때문인데 말이다.

나는 그런 사람으로 세상에 남고 싶지 않다. 세월이 가면 아무런 흔적도 없이 삶을 마감하며 사라지겠지만, 살아가는 동안만이라도 내 삶을 내 손으로 일구며 남들에게 어떤 것을 기대하기보다는 남들이 기대감을 갖는 대상이 되기를 희망한다.

상대방이 내 기대에 미치지 못할때

- 상대방이 무능하다고 생각한다.
- 기회를 줘도 살리지 못하는 것이 안타깝다.
- '내가 모든 걸 사사건건 확인해야 하나' 싶은 생각이 든다. 일종의 재판심이다.
- 우리 팀에서 뺏으면 좋겠다 싶고, 그와는 같이 일하지 말아야겠다고 결심한다.

Solution!

1. 내가 입는 피해를 확인해보자

상대방이 기대에 어긋났을 때 내가 입는 피해가 무엇인지 확인해보면 그 화의 근원을 알 수 있다. 무능력한 동료나 부하 직원 때문에 야근을 해야 하는 상황이라면 그 야근이 바로 내가 입는 피해이다. 물론 아이가 공부를 못했다면 '부끄러운 부모가 되는 것'이 내가 입는 피해일 것이다. 아이의 행복이 아니라 자신의 이기심을 채우기 위해 공부를 시키는 것이 진정으로 부끄러운 부모 아닐까.

2. 나의 잘못을 생각하자

부하 직원이 일처리가 미숙하면 상사가 비판받는 것은 당연하다. 그런데도 부하 직원을 잘 가르치지 못했다는 비판을 피하기 위해 그들을 독려하고 있는 것은 아닐까? 인간적인 마음으로 그들의 발전과 성장을 위해 도움을 주지 못하면서 그들에게서 열정과 에너지, 성과만을 강요하고 있는 것은 아닐까? 친구라면 이 정도는 해줘야 된다고 생각하면서도 막상 자신은 상대에게 그 절반도 못해주면서 화를 내는 이유는 친구의 행동이 자신에게 불리할 가능성이 있기 때문은 아닐까?

자기 잘못을 생각해보면 상대방의 부족함에 화만 내는 일은 없을 것이다.

3. 다른 면을 보자

상대방이 내 기대에 미치지 못해도 그는 충분히 발전하고 있을지 모른다. 사람의 한 단면만을 보고 모든 것을 판단할 수는 없다. 실적이 떨어지면 인간관계가 좋고, 사람 좋다는 말을 듣는 사람의 성과는 눈에 잘 띄지 않는 법이다. 나에게 손해를 끼치는 면만 보고 그의 전부를 판단해서는 안 된다. 오히려 그런 기대를 가진 나 자신을 반성하는 것이 스스로의 건강에도 좋을 것이다.

리더 탓하기 전에
파트너의 역할에 충실하자

"우리 과장은 왜 그러는지 모르겠어. 자기는 손가락 하나 까딱 안 하면서 우리보고는 이래라저래라 하니 도대체 생각이 있는 사람이야, 없는 사람이야?"

"우리 회사엔 자질이 부족한 상사들이 너무 많아. 실력은 쥐꼬리만큼도 없으면서 인사철만 되면 임원들 꽁무니만 졸졸 따라다니잖아."

직장인이라면 누구나 한두 번쯤은 이런 말을 내뱉어본 경험이 있을 것이다. 자신은 움직이지 않으면서 지위를 이용해 지시하고, 능력도 없으면서 윗사람에게 아부해서 승진하려는 상사들을 부하 직원들은 싫어한다. 회식 후 2차를 따라가는 상사들을 보며 눈치 없이 왜 따라

오는지 모르겠다고 투덜거리기도 한다. 상사가 없는 곳에서 마음 맞는 직원들끼리 상사들 욕하면서 신나게 스트레스를 풀고 싶은데 눈치 없이 따라오니 싫을 수밖에 없다. 2차, 3차까지 어깨동무하며 한잔 더 하자고 매달리고 싶은 상사는 눈에 불을 켜고 찾아도 찾기가 힘들다.

우리들은 오랫동안 존경할 만한 리더를 갈망해왔다. 강력한 카리스마와 따뜻한 배려까지 겸비한 특출한 리더를 갈망해왔지만 돌아오는 것은 사표 내고 싶도록 만드는 상사들뿐이었다. 팀장이 싫어서 이 팀저 팀으로 전전하는 사람들이 아직 주위에 널려 있는 것을 보면 언제쯤 꿈에 그리는 상사를 만날 수 있을까 싶어진다.

"국민은 자기 수준에 꼭 맞는 지도자를 갖게 되어 있다."

처칠의 말이다. 결국 우리 자신이 스트레스를 안겨주었던 주인공들과 똑같은 수준이라는 결론에 이르게 된다. 자기의 수준이 리더의 존재를 결정하기 때문이다. 이 문제의 해답은 우리가 갖고 있는 셈이다. 리더를 제대로 뽑아놓지 못했기 때문에 지금 스트레스를 받고 있는 것이다. 상사가 능력이 없다고 말하기 전에 자신이 탁월해지면 된다. 그렇게 되면 상사의 능력이 있고 없음 따위는 눈에 들어오지도 않을 것이다.

오랫동안 리더십과 팔로우십을 연구한 켈리(Kelly)는 이런 결론을 내렸다.

"조직의 성공에 리더가 기여하는 바는 10~20%에 불과하고, 나머지 80~90%는 팔로우십이 결정한다."

그만큼 추종자(Follower)의 역할이 중요하다는 말이다. 하지만 우리는 우리의 역할을 방기한 채 모든 책임을 리더에게 물음으로써 도덕적으로 자유로워지려고 한다.

유방은 항우에 비해 장점이 거의 없었다.

역발산 기개세(力拔山 氣蓋世, 힘은 산을 뽑고 기운은 세상을 뒤덮는다)의 항우에 비해 유방은 힘도 부족하고 줏대도 없었으며 천하를 경영할 철학도 부족했다. 하지만 유방이 항우에 비해 나은 것이 하나 있었으니 그것은 사람에 대한 식견과 애정이었다. 모든 것을 자신의 힘으로 이루려 했던 항우에 비해 사람에 의지하고 같이 만들어갈 줄 알았던 것이다.

이런 유방의 능력을 알아보고 천하통일의 대업을 이끈 지략가가 바로 장량이다. 장량이 없었다면 한나라의 통일은 불가능했을 것이며 천하는 항우의 것이 되었을지도 모른다. 그만큼 장량은 리더 유방의 뜻을 이해하고 그를 적극적으로 따랐으며, 때로는 "아니오(NO)"라는 말로 유방의 실패를 예측하고 방어해냈다.

개인적 역량과 에너지의 파급력이 커지고 있는 현대사회에서 추종자의 역할은 갈수록 중요해질 수밖에 없다. 그에 따라서 우리들의 패러다임도 변화해야 한다. 뛰어난 리더를 기다릴 것이 아니라 우리 스스로가 뛰어난 리더를 만들 수 있는 탁월한 파트너가 되어야 한다. 리더가 추진하려는 일마다 사사건건 트집을 잡거나 리더가 자기보다 경험이 부족하고 어리다는 이유로 그의 결정을 의미 없는 것으로 치부해버린다면 그것은 곧 스스로의 부족함을 인정하는 셈이다.

"목마른 자기를 물가에 데려다 준 사람이 마음에 들지 않는다는 이유로 고개를 돌려버린 채 기어코 물을 마시지 않으려는 방자함, 그것이 바로 인간들의 문제점이다."

빌 코스비의 이 말은 이 땅에 리더가 없다고 말하는 사람들이 분명 생각해봐야 할 화두임에 틀림없다.

리더십을 말하기 이전에 자신의 능력에 먼저 관심을 가져야 한다. 그것이야말로 상사들이 던지는 스트레스로부터 자유로울 수 있는 확실한 방법이다.

상사 때문에 스트레스 받을 때

- 다른 팀으로 옮기고 싶어서 어느 팀장이 인기가 있는지 수소문하고 있다.
- 상사가 미워서 사표 낸다는 말이 실감나게 느껴진다.
- 일부러 태업을 하면서 저항도 해보지만 그런 내가 불쌍하기만 하다.
- 술자리 안주로 상사들 비난이 가장 맛있어졌다.

Solution!

1. 당신이 생각하고 있는 상사의 모습에 대해서 말해보자
- 일을 많이 시키는 상사는 나쁜 상사고, 적게 시키는 상사는 좋은 상사다.
- 밥값, 술값 안 내는 상사는 나쁜 상사고, 잘 내는 상사는 좋은 상사다.

2. 이제 뒤집어 상사의 입장에서 좋은 부하의 모습을 생각해보자
- 시키는 대로 잘하고 시키지 않은 일도 찾아서 하는 부하는 좋은 부하고, 사사건건 시비를 걸고 토를 다는 부하는 나

쁜 부하다.
- 주어진 몫도 못해서 다른 직원에게 피해를 주는 부하는 나
쁜 부하고, 자기 몫을 넘어 팀의 화합까지 생각하는 부하
는 좋은 부하다.

3. 그와 나의 다른 점은?

나와 상사는 다를 것이 없다. 회사 내의 지위가 달라서 생각에
차이가 있을 뿐이다. 모두 자기 자신의 지위에서 생각하는 것이다.

상사 때문에 스트레스 받을 때
1. 당신이 생각하고 있는 상사의 모습
   에 대해서 말해보자
2. 이제 뒤집어 상사의 입장에서 좋은
   부하의 모습을 생각해보자
3. 그와 나의 다른 점은?

꽃보다 아름다운 사람이 되자

"나의 인생철학은 일하는 것이다. 우주의 신비를 탐구하여 그것을 인류의 행복을 위하여 응용하는 것이다. 만물을 밝게 보고, 인류의 행복이라는 견지에서 사물을 보는 것이다. 이 짧은 인생을 사는 동안 그 이상의 봉사 방법을 나는 모른다."

에머슨의 말이다. 누가 이런 사람을 사랑하지 않을 수 있겠는가. 그의 인생철학에는 사람을 흡입하는 묘한 매력이 있다.

가수 안치환 씨는 자신의 노래에서 '누가 뭐래도 사람이 꽃보다 아름답다'고 했다. 하지만 그의 노래에는 전제가 달려 있다. '이 모든 외로움을 이겨내고 서로를 쓰다듬을 수 있는 온기를 품고 있는 사람이라야 한다'는 것이다. 가끔 삭막해져가는 이 자본주의사회에서 온기를 품고 있는 사람을 만나면 발걸음을 멈추게 된다. 그리고 그의 모습에 기대어 안식을 찾는다. 이렇게 사람은 온기로 다른 사람의 상처를 쓰다듬을 수 있어야 한다. 사람은 사람과 사람 사이에서만 사람일 수 있기 때문이다.

당신의 일상생활에서 사람이 아름답다고 느껴질 때는 언제인가? 가끔은 아름답다는 말로도 부족해서 '멋있다' '매력적이다'라는 생각이 저절로 들고, 그와 동화되고 싶다는 느낌을 경험하는 경우는 언제인가?

그런 순간이 언제 있었던가를 가만 생각해보니 세 가지 정도로 나눌 수 있겠다. 물론 사람에 따라 느끼는 감정과 순간들이 차이가 있겠지만 적어도 내 경우엔 이렇다.

사람이 매력적이고 아름답게 보이는 첫 번째 순간은 자신의 일에 흠뻑 빠져들어 땀 흘리며 심취해 있을 때이다. 땀과 눈물은 인간의 몸과 정신을 정화시켜주는 능력이 있어 그 사람뿐 아니라 그것을 지켜보는 사람에게도 일종의 카타르시스를 느끼게 한다. 여기서 이유는 별로 중요하지 않다. 그의 노력이 순수한 것이든 그렇지 않은 것이든 그 순간만으로 우리는 충분히 고무되고 감동받는다. 노력하고 몰두하는 사람이 아름다운 것은 지켜보는 사람의 대리만족 때문일지도 모르지만 중요한 것은 우리가 그런 사람들을 좋아한다는 사실이다.

자동차를 열심히 고치고 있는 자동차 수리공, 도서관에서 책에 몰입하고 있는 학생, 전화를 받고 고객을 상담하고 서류를 챙기면서 정신없이 일하고 있는 은행 여직원의 모습에서 사람이 아름답다는 것을 느낀다. 얼마나 많은 사람들이 이런 모습에 반해 사랑에 빠져들었던 가! 이것은 당신이 다른 사람들로부터 사랑받기를 원한다면 진심으로 뭔가에 몰두하는 모습을 보여주어야 한다는 것을 의미한다. 이런 진정한 몰두는 세상과 인간에 대한 애정 없이는 이루어질 수 없다. 결국 세상에 대한 순수한 애정 없는 몰두는 허위와 가식일 뿐 아름다움과는 거리가 먼 쇼에 불과한 것이다.

사람이 아름답게 보이는 두 번째 순간은 자신의 근육을 모두 일그러뜨리며 하회탈 같은 함박웃음을 짓는 순간이다. 웃음은 방어심리를 완화시키고 '나는 당신을 환영합니다'라는 무언의 속삭임으로 사람의 마음을 열어주는 역할을 한다. 어린아이가 우리를 향해 함박웃음을 짓는 순간 우리의 마음을 떠올려보자. 눈물 흘릴 만큼 짜릿한 감동이 느껴지지 않는가? 웃음은 전염된다고 했다. 누군가 미소를 보일 때 우리는 자신도 모르게 미소에 전염되어 기분이 좋아진다. 특별한 이유가 있는 것이 아니다. 웃음은 그냥 기분 좋은 것이니까.

중국 속담에 '웃는 얼굴이 아닌 사람은 장사를 하지 말라'고 했다. 심리학자인 윌리엄 제임스도 이렇게 말했다.

"우리의 의지보다 더 직접적인 통제 하에 있는 우리의 행동을 조정함으로써 우리는 의지의 직접적인 통제 하에 있지 않은 감정을 간접적으로 조정할 수 있다."

쉽게 말하면 인간은 억지로 웃음으로써 행복해질 수 있으며 다른 사람에게도 좋은 느낌을 전해줄 수 있다는 것이다. 매력적인 사람이 되고 싶다면 기분이 나쁠수록 환히 웃어서 스스로의 마음을 전환시킬 수 있어야 한다. 하지만 이러한 웃음이 진정한 아름다움과 매력으로 비춰지기 위해서는 반드시 한 가지 느낌이 포함되어 있어야 한다. 그것이 사람을 아름답게 보이게 하는 세 번째 요소이다.

세 번째 요소는 바로 '세상에 대한 경외심' 이다. 세상을 경외의 눈으로 바라본다는 것은 어린아이의 순수한 마음과 상대방에 대한 깊은 관심이 내재되어 있다는 뜻이다. 결국 '진심' 이라는 요소가 없다면 미소는 감정 없는 가식에 불과하며 일에 대한 열성 또한 타인의 눈을 의식한 이기심에 지나지 않는다. 하지만 우리는 너무나 쉽게도 세상의 경외를 잊어버리고 산다. 전화를 받거나, 고객을 만나거나, 친구와 이야기를 하거나, 운전을 하거나 심지어 글을 쓰고 있는 이 순간에도 세상을 진솔한 경외심으로 만나야 한다는 사실을 잊고 산다. 웃음 짓는 아이들이 사랑스러운 이유는 그 웃음 속에 거짓이나 가식이 없고 자신의 감정을 있는 그대로 드러내기 때문이다. 세상을 향해 놀란 눈으로 "이야, 놀랍다"라고 말하는 순간 우리는 매력적일 수 있는 것이다.

반대로 사람이 시들어버려 빛을 잃은 한 송이 꽃보다 못하다고 느껴지는 경우도 있다. 어느 조사를 보니 '직장 동료가 가장 싫어질 때는 언제인가' 라는 설문조사에서 1위를 차지한 답은 '자기 자신만 알고 동료의 입장은 배려하지 않은 채 이기적으로 행동할 때' 였다.

자기가 해야 할 일도 차일피일 미루고 피하면서 '누군가 하겠지' 라는 식으로 버티고만 있거나, '이건 내 소관이 아니니까 저쪽 가서 알아보세요' 라면서 도와줄 수 있는 것도 귀찮아하며 피하는 모습들을 우리는 너무나 많이 보아왔다. 그때 우리의 마음은 어떠했던가. 그러한 행동을 한 사람은 자신의 행동이 동료들에게 어떻게 비춰질까를 생각하지 못한다. 하지만 우리는 흘려버리기 쉬운 일상의 사소한 대화나 작은 행동을 보고서도 너무나 쉽게 사람을 '판별' 할 수 있다. 이것은 특별한 능력이나 특수한 훈련이 필요한 것이 아니라 인간의 경험과 내재된 방어본능에 의한 것이기 때문이다.

남들에게 매력적이고 아름답게 비춰지고 싶다면 이제 선택해야만 한다. 세상을 자신의 이익을 위한 도구로 이용할 것인지, 아니면 자신이 세상에 깊은 관심을 갖고 진심으로 그 속으로 다가갈 것인지를 말이다.

사람들이 나를 싫어한다고 느껴질 때

- 자신의 생각을 소신 있게 말하지 못한다.
- 순간적으로 어떤 태도를 취해야 할지 주저하는 경우가 많다.
- 거울을 보면 너무도 초라한 자신이 싫다.

Solution!

1. 몰입하자

사람들이 나를 싫어한다고 느껴지는 것은 내가 뭔가에 몰입하지 못할 때일 가능성이 많다. 뭔가 매력적인 것에 빠져 있을 때에는 다른 사람들의 시선을 의식할 수 없기 때문이다. 사랑도 그런 것 같다. 사랑하는 사람과 함께 사랑을 나누고 있을 때에는 슬픔이나 미움, 헤어짐의 아픔 같은 것들은 생각할 이유가 없다. 그러나 이별이 닥쳐왔을 때 우리는 모두 시인이 된다. 아픔이 우리를 자각시키는 것이다.

그런 의미에서 사람들이 나를 싫어한다고 느껴진다면 무엇인가 내가 몰입하고 있지 않다는 반증으로 보아도 좋을 것이다. 자기 일을 좋아하지 않는 사람들은 다른 사람들의 일이 좋게 보이는 법이다. 자기 일을 좋아하는 사람은 다른 사람들의 일이 일확천금을 벌 수 있는 것이라 해도 별로 관심이 없다. 사람들의 관심은 이렇게 자기 중심적이다.

2. 도덕적으로 건강한 사람이 되자

좀더 공익에 유익한 사람이 되는 것이 좋다. 사소한 약속을 잘 지키고, 밝은 마음으로 사람을 대하며, 작은 돈이라도 회사의 공금으로 자신에게 이익이 되는 것을 하지 않도록 노력하다 보면 마음이 맑아지는 게 느껴진다. 좋은 사람이 되기 위해 노력하다 보면 자연스럽게 다른 사람들의 평가는 마음에 담아두지 않게 될 것이다. 진정으로 달리기를 잘하는 사람은 달린 자국을 남기지 않는다.

사람들이 나를 싫어한다고 느껴질 때
1. 몰입하자
2. 도덕적으로 건강한 사람이 되자

귀찮은 것들이 나를 돕는다

집중이 잘되는 시간은 아무런 방해도 받지 않고 혼자 있는 시간이 아니라 적당히 신경을 자극하는 것들이 존재하고 있을 때이다.

아무도 없는 공간에서 방해받지 않는 시간이 자유롭게 주어진다 해도 생각했던 만큼 책을 읽거나, 글을 쓰거나, 창작활동에 매달리는 일이 쉽지는 않다. 오히려 붐비는 지하철이나 북적대는 버스 안에서 책은 더 잘 읽히고 좋은 아이디어들도 많이 떠오른다. 방문 걸어 잠그고 혼자 조용히 골몰하는 순간보다는 우리의 집중력을 혼란스럽게 하는 방해꾼들이 있을 때 창의적인 생각들은 더 잘 떠오른다. 그런 의미에서 고요함과 적막은 오히려 집중력을 방해하는 것 같다.

좋은 생각들은 주위에서 방해하는 요소들이 있을 때 자극받는 특성이 있는 모양이다. 그래서 나는 버스나 지하철에서 글을 많이 쓴다. 스타벅스에 가면 수첩이나 노트북을 펼쳐들고 이것저것을 긁적이는 사람들이 자주 눈에 보인다. 사람들은 커피숍에서 무슨 글을 쓰나 싶겠지만 그들은 이미 알고 있는 것이다. 방해꾼들이 많을수록 집중력은 좋아진다는 사실을. 그들은 커피가 아니라 글을 쓸 수 있는 분위기를 돈을 주고 사는 셈이다.

책이 읽고 싶던 어느 날 아내와 아이가 외출을 나갔다. 모처럼 해방되었다는 마음에 책을 마음껏 읽어야겠다고 결심했다. 그러나 손은 책이 아니라 TV 리모컨을 찾고 있었고 한참 TV를 보다가는 곧 잠들어버리고 말았다. 아내와 아이가 들어오고서야 잠을 깼다. 아내 왈,

"아이고, 다른 사람들하고 좀 다른 줄 알았더니만 똑같네, 똑같애. 보는 사람 없다고 혼자 편하게 푹 쉬었구만."

적당히 괴롭히고 방해하는 요소가 있어야 강한 갈망으로 자신을 통제해나갈 힘이 생기는 것은 나뿐만 아니라 다른 사람들도 마찬가지가 아닐까? 그래서 니체는 자신에게 '명령하는 것은 순종하는 것보다 어렵다' 고 말했던 것이리라.

인간관계도 일이나 창의적인 생각들과 다를 것이 없다. 사사건건 방해해서 눈꼴사납게 보이던 사람들이 주위에서 사라지면 직장생활이 편할 줄 알았는데 알고 보니 그게 아닌 경우가 많다. 괴롭히던 주위 사람들이 없는 나는 게으르고 나태한 평범한 직장인에 불과하다. 그들과의 갈등과 긴장에서 오는 스트레스 속에서 나는 더욱 나아지려고 시도

했고, 그들에 대한 불만을 자신의 발전을 위한 건설적인 창구로 이용하려고 노력했던 것이다. 이제 그들이 사라졌으니 나를 자극하는 요소들도 사라져버려 무신경한 사람이 될 가능성은 점점 많아질 것이다.

하지만 다음날이면 나는 또 보기 싫은 동료들 때문에 스트레스를 받을 것이 분명하다. 그렇지만 어쩌랴. 그것이 사람이 살아가는 모습이고 사람이 사람다워지는 길인 것을. .

칙센트미하이 교수는 《몰입의 즐거움》에서 이렇게 말하고 있다.

"우리는 선택을 해야 한다. 툴툴거리며 마지못해서 할 것인가 아니면 즐거운 마음으로 해치울 것인가. 둘 다 의무감에서 비롯된 행동이지만 후자가 더 긍정적인 경험을 낳는다. 청소처럼 누구나 하기 싫어하는 일도 가장 빠르고 효율적으로 해치운다는 목표를 정해놓고 하면 생각보다 고통스럽지 않다. 목표를 설정해놓으면 일하는 괴로움이 상당히 줄어든다."

자기 자신을 괴롭히는 것들을 싫어하지만 말고 오히려 즐거운 자극으로 받아들일 때 보다 더 성장하고 발전할 수 있을 것이다.

사람이 귀찮아질 때

- 아이들과 노는 시간이 귀찮게 느껴진다.
- 친구들을 피하게 되고 회식은 1차만 갔다가 빨리 빠져나올 궁리를 한다.
- 좋아하는 사람들을 만났으면 좋겠다고 생각하지만 전화하는 것 자체가 귀찮다.
- 결국 사람도 싫고 세상도 싫고 이래저래 모든 것이 싫어진다.

Solution!

1. 스스로의 상태를 파악하자

사람이 귀찮아졌다는 것은 일이 귀찮아졌다는 것보다 훨씬 침울한 상태를 말한다. 누구나 편한 생활을 좋아하는 까닭에 일이 싫어지는 것은 흔히 있는 일이지만 평소에 좋던 사람도 만나기 싫어질 정도라면 마음의 건강이 상당히 악화되었음을 의미한다. 이렇게 사람이 귀찮아질 때는 하는 일들이 매번 실패하고 거대한 세상에 저항해도 소용없다는 것을 스스로 인정함으로써 무기력한 상태에 도달한 것이라고 봐야 한다. 이때 자신의 상태를 파악하는 것이 중요한데, 스스로의 상태가 건강하지 못하다는 사실을 발견할 수 있어야 개선의 가능성도 생기기 때문이다.

2. 더 나빠지지 않도록 노력하자

이럴 때는 자기 자신을 사랑하고 있는 스스로를 재발견하는 것이 중요하다. 그래서 적당히 절제할 필요가 있다. 더 이상 나쁜 상태로 가지 않기 위해서라도 감정을 절제하고 의식적으로 생각하지 않고 본능적이고 일상적인 행동 패턴을 유지해보자. 어차피 시간이 좀 지나면 자기 자신에 대한 사랑이 정상적인 궤도로 우리를 올려놓을 것이다.

3. 자극제를 찾자

멋진 영화를 보거나 한동안 듣지 못했던 좋은 음악을 크게 틀어놓고 들으면 의외로 기분이 회복된다. 그리고 사람들이 보고 싶어진다. 우리가 생각하는 것보다 세상은 훨씬 따뜻한 곳이기에 곳곳에 삶에 의미를 부여하는 요소들이 존재하기 때문이다. 이런 자극제들은 약간의 노력만으로도 얻을 수 있다. 일상 속에서도 조금만 관심을 기울이면 찾아낼 수 있다.

선택의
순간에
나를 돕는
인생의 참고서

2부

일이
싫어질 때

Crisis and Solution

일이 싫어질 때

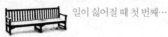

모든 사람을 만족시킬 수는 없다

글을 쓰는 사람들은 인터넷이 괴롭다. 인터넷을 타고 자신의 글에 대한 칭찬뿐만 아니라 악평들까지 급속히 퍼져나가기 때문이다. 인터넷 서점들에 가보면 독자들의 서평이 수십 편씩 줄을 서서 '좋다' 혹은 '싫다'는 표현들을 서슴없이 드러내고 있다. 그 평가에 따라 저자들의 마음도 좋아졌다 싫어졌다 한다.

그런데 자칫 이런 평가들에 민감하게 반응하다 보면 독자들이 원하는 방향으로만 글을 쓰게 될 우려가 있다. 쉽게 말해서 인기 위주로만 글을 쓰는 것이다. 그렇게 되면 자기만의 독특한 생활방식과 창의적 사고력이 포퓰리즘에 의해 희석되어 좋은 글을 쓸 수 없다. 인기 위주로 글을 쓰는 것은 오히려 저자의 생명력을 단축시킬 뿐이다.

일을 하는 사람들도 마찬가지다. 자신의 일이 모든 사람들을 만족 시켜야 한다고 생각하는 사람들이 많다. 이쪽과 저쪽을 모두 배려해야 정말 괜찮게 일한 것처럼 느껴지기 때문이다. 한 명이라도 자신의 일에 대해서 비판을 하는 게 가슴 아파 완벽을 기하려고 노력한다. 하지만 자칫 그런 노력들은 이도저도 아닌 어정쩡한 결과를 낳을 위험이 있다.

언젠가 간단히 점심을 먹으려고 분식집을 찾았다. 사람도 많지 않고 조용한 듯해 들어갔더니 도대체 무엇을 먹어야 할지 모를 정도로 메뉴가 많았다. 처음에는 무심코 다양한 고객층들이 오겠거니 생각했는데, 점심시간인데도 손님이 없었다. 손님이 찾아오지 않을 만한 큰 문제점은 없어 보였는데 음식에 입을 대보고 나서야 손님이 끊어진 이유를 알았다. 맛이 별로 없었다. 메뉴가 너무나 많아 각 메뉴의 맛을 제대로 살리지 못한 것은 아닐까 싶었다. 그곳의 메뉴는 25가지가 넘었다.

어떤 사람이든지 자신 있게 잘할 수 있는 부분이 정해져 있다. 요리를 하는 사람들도 세상의 모든 요리를 다 잘할 수는 없으므로 자기만의 독특한 맛을 낼 수 있는 차별화된 요리를 전략적으로 팔아야 한다. 메뉴가 수십 가지나 된다면 아무리 훌륭한 주방장이라도 모든 메뉴의 맛을 최고로 유지하기는 어려울 것이다.

그러므로 모든 사람을 만족시키겠다는 생각은 위험하다. 자신의 고객이 누구인지를 정확하게 알지 못하는 것일 수도 있다. 목표물을 구체적으로 볼 때 목표에 어떻게 도달할 것인지를 정확히 생각해낼 수 있다.

여행을 하던 디오게네스가 깊은 강물을 만나 발이 묶여버렸다. 마침 지나가는 사람이 그를 목말을 태워 건너게 해주었다. 무사히 강을 건넌 디오게네스는 수중에 돈이 없어 그에게 보답하지 못함을 안타까워했다. 마침 또다시 강을 건너지 못하는 사람이 나타났고 디오게네스를 건네준 사내는 다시 뛰어가 역시 목말을 태워 강을 건너게 해주었다.

그것을 본 디오게네스가 안타까운 생각이 싹 사라졌다며 이렇게 말했다.

"자네가 해준 일이 그다지 고맙지 않아졌네."

"무슨 말씀이신지……."

"지금 베푼 선행이 자네 나름의 판단에 따른 것이 아니라, 무조건 해야 한다는 강박관념에서라면 뭐 그리 고맙겠는가!"

뭔가 일이 잘 풀리지 않는 사람들은 혹시 내가 너무 많은 사람들을 만족시키기 위해 추상적인 싸움을 하고 있지 않은지 생각해봐야 한다. 모든 사람을 만족시키려다가는 오늘 해야 할 일도 내일로 미루게 될 것이고, 진정으로 잘할 수 있는 부분에 대한 집중적인 개발 또한 어려워질 것이다.

일뿐만 아니라 인간관계 또한 모든 사람을 만족시키려 하기보다는 자신과 마음이 잘 맞고 미래를 위해 함께 해도 좋겠다는 확신이 드는 사람들을 만족시키는 것이 훨씬 낫다. 적이 없으면 우리 편도 없다는 말이 있다. 적이 없으면 우리 편도 없으니 나에게 불평하거나 혹평을 가하는 사람들도 있을 수 있다는 사실을 받아들이는 여유를 갖는 것이 성숙한 태도일 것이다. 모든 사람들을 다 만족시켜야 한다는 생각은 일종의 강박관념이다.

내가 제공한 물건이 마음에 드는 사람들은 끊임없이 나를 찾을 것이고 그렇지 않은 사람들은 떠나갈 것이다. 다른 사람이 나를 떠나는 것처럼 나 또한 그들을 떠나오지 않았는가. 세상이 흐르고 흘러 움직이는 것은 자연스러운 현상이다. 그것을 억지로 내게로 끌어당기려다가는 홍수라는 대재앙이 찾아올지도 모르는 일이다.

나에게 불만을 표시하는 사람이 있을 때

- 이런저런 변명거리를 찾아서 변명하려 한다.
- 세상에 별 희한한 사람도 다 있다는 식으로 상대방의 비판을 무시하려 한다.
- 손이 떨리고 어디에든 숨고 싶어진다.
- 비판하는 사람이 미워지고 만나는 것을 자꾸만 피하게 된다.

Solution!

1. 고객의 목소리에 귀 기울이자

고객의 만족도는 일에 대한 피드백 중에서 가장 소중하고도 중요하다. 고객이 없다면 내가 이 일을 해야 할 이유조차 찾기가 어렵다. 모든 일은 고객들을 거쳐서 결국 자기 자신에게 어떤 혜택으로 돌아와야 하는 것이다.

2. 변명하지 말자

이런 상황에서 내가 한 일이 마음에 들지 않는다는 고객들을 만나면 가슴이 섬뜩해질 것이다. 이때 많은 사람들이 자신의 책임과 잘못을 생각하기보다는 이런저런 사정을 대며 변명을 하기 쉽다. 자신을 보호하고 싶기 때문이다. 하지만 장기적으로 자신을 보호하고 싶다면 겉으로는 변명을 하더라도 마음속으로는 고객의 불만이 솔직히 자신의 잘못에 있다는 사실을 인정해야만 한다. 그렇지 않으면 불만을 가져온 요소들을 제거하려는 어떠한 시도도 하지 못할 것이다.

"나를 죽이지 못하는 것은 나를 더욱 강하게 만든다."

니체의 말대로 사실을 상기하면 용기는 생길 것이다.

3. 합리적인 비판을 구별할 눈을 기르자

고객은 우리가 제공하는 물건 혹은 서비스의 단편만을 보고 비판하는 경우가 많다. 동료들 또한 내 성격의 어느 한 부분을 두고 이런저런 이야기를 하지만 그것은 일부분일 뿐이다. 사람들의 비판이 과연 합리적인가 아닌가 하는 점은 어떤 관점에서 바라보느냐가 전제되어야 한다. 자신을 객관적으로 볼 수 있는 사람들은 상대방의 비판이 과연 합리적인가도 판단할 수 있다.

3. 자신에게 물어보자

내 일에 불만을 표시하는 사람을 만나 그 불만이 합리적이라는 생각이 든다면 자신에게 이렇게 물어보자.

"나의 어떤 부분이 부족해서 이런 결과가 나왔을까?"

그 다음은 행동으로 부족함을 보완하면 된다. 어려울 것은 없다. 다음에는 분명히 더 좋아진 나를 발견하게 될 것이므로.

슬럼프는 발전하고 있다는 증거다

내 경험에 따르면 성실한 사람들이 슬럼프에 빠지는 이유 중 하나는 한 분야에 어느 정도 정통한 기술이나 지식을 갖게 되었을 때이다. 한 분야에서 오랫동안 일을 해서 전문가의 반열에 오를 때쯤에는 반드시 슬럼프가 찾아온다. 어떤 문제의 해법을 발견해내지 못하는 시간이 계속되면서 현재의 방식을 답습하고 그것을 반복하다 보면 이것이 과연 올바른가 하는 의문이 드는 것이다. 이 문제의 답 또한 금방 찾아낼 수 없기 때문에 슬럼프가 된다. 이럴 경우 사람들은 두 가지의 상반되는 태도를 취한다.

첫 번째 태도는 노력할 만큼 했는데도 이루어낸 것이 없다며 그 상황을 자신의 한계로 받아들이는 것이다. 여기까지가 내가 도달할 수 있는 곳이라고 생각하고는 현실에 안주하려 한다. 자신이 더욱 노력하면 슬럼프를 극복할 수 있으며 보다 높은 단계로 나아갈 수 있다고 믿어야 함에도 불구하고 스스로 지쳤다고 단정 짓고 노력을 중단하고 포기하는 것이다. 사실 이런 포기는 더 이상 노력하기 싫고 심신이 지쳤다는 징표이기도 하다. 이런 슬럼프는 무엇인가에 도전하는 사람이라면 누구나 겪는 현상이다. 하지만 슬럼프에 굴복하면서 현실에 안주하지 않고 보다 발전된 자신을 위해 노력을 그치지 않는 사람들은 항상 있는 법이다. 그들은 바로 두 번째 태도를 가진 사람들이다.

두 번째 태도는 자신의 한계에 대한 불만을 건설적인 태도로 극복하는 것이다. 슬럼프를 한계가 아닌 자신이 뛰어넘어야 할 장애물 정도로 인지하는 사람들은 결코 현실에 안주하지 않는다. 이렇게 발전적인 태도를 가진 사람들의 뚜렷한 특징 하나는 자신의 전문분야에만 집착하지 않는다는 점이다. 슬럼프에 빠졌을 때 스스로 부족한 것이 무엇인지를 고민하다 보면 자신의 분야가 아닌 다른 분야들이 자연스럽게 눈에 들어온다. 우리가 처한 문제는 그 문제가 속한 분야가 아닌 전혀 새로운 곳에서 실마리를 발견하게 되는 경우가 많다. 자신의 일에만 매몰되지 않는 폭넓은 열정을 가진 사람들은 이런 실마리를 찾아내는 유리한 위치에 있는 사람들임이 분명하다.

대학원에서 논문을 준비하면서 리더와 구성원의 관계를 규정할 만한 고리를 찾아내기 위해 도서관에서 웬만한 전문서적들은 다 훑어보았는데도 뾰족한 실마리를 발견할 수 없었다. 실마리는 의외로 간단한 곳에서 나왔다. 어느 날 심리학에 관련된 책을 보다가 '욕구'라는 용어가 머릿속을 스친 것이다. 리더십의 유형과 구성원들의 욕구는 어떤 상관관계가 있을까? 이것은 곧 학위논문의 주제가 되었고 관심이 있던 분야기 때문에 재미있게 진행할 수 있었다. 논문은 경영학에 관한 것이었지만 실마리는 심리학에 있었던 것이다.

슬럼프는 한 단계 나아가기 위해 경계를 넘어서야 할 때 생기는 일종의 근육통 같은 것이다. 심하게 운동을 하고 나면 온몸이 쑤셔온다. 그러나 그런 운동을 몇 번 반복하고 나면 이제 더 이상 아프지 않고 웬만한 운동량에도 끄떡없는 몸을 갖게 된다. 그래서 슬럼프가 찾아오는 것은 우리가 한 분야에서 어떤 성과를 남기고 있음을 의미하는 것으로 받아들여도 좋을 것이다.

노력해서 성과를 얻어내지 못한 사람들에게는 슬럼프라는 것 자체가 없다. 이룩한 것이 없으니 실패할 것도 없다. 반면 작은 성과라도 있으면 그 성과들이 지속적으로 성장하지 않는다는 사실에 불만을 품게 되고 그것이 곧 슬럼프가 된다. 일단 슬럼프에 빠졌다는 사실만으로도 자신이 성장하고 있다는 사실을 인정할 필요가 있다.

슬럼프의 또 다른 의미는 그것을 겪고 있는 순간이 과도기적인 단계라는 것이다. 한 단계 발전하기 위한, 어제와 다른 나 자신이 되기 위한 탈피의 과정에 있을 뿐 그것 자체가 한계는 아니라는 말이다. 그 순간만 넘어서면 또 다른 질 높은 단계들이 기다리고 있다.

그러므로 우리는 슬럼프를 하나의 과정으로 받아들여야 한다. 그것의 전제는 장기적인 시각을 가져야 한다는 것이다. 삶을 하나의 큰 여행으로 보았을 때 슬럼프는 우리가 도달한 어느 도시의 후미진 카페에서 커피 한잔 하고 있는 시간이며 우리는 곧 일어서서 또다시 걸어갈 것임을 알아야 한다. 쉽게 절망하지 않고 쉽게 만족하지 않고 자신의 행보를 통해 순간에 의미를 부여해가는 넉넉한 마음이 슬럼프를 자기 삶의 일부로 받아들일 수 있도록 할 것이다.

노자(老子)의 《도덕경(道德經)》에 이런 구절이 있다.

"발끝으로 서는 사람은 단단히 설 수 없고, 다리를 너무 벌리는 사람은 걸을 수 없다. 스스로를 드러내려는 사람은 밝게 빛날 수 없고, 스스로 의롭다 하는 사람은 돋보일 수 없고, 스스로 자랑하는 사람은 그 공로를 인정받지 못하고, 스스로 뽐내는 사람은 오래 갈 수 없다."

슬럼프는 발끝으로 서려는 우리들에게 튼튼한 다리를 만들어야만 단단히 설 수 있다는 진리를 가슴에 새겨주도록 하는 훌륭한 스승이다. 아픔을 겪고 난 후에야 건강을 새롭게 인식하게 되고, 떠남이 있은 후에야 만남의 기회가 만들어지며, 어려움을 겪고 난 후에야 성공의 즐거움도 가치가 더해지는 법이다. 슬럼프와 성취라는 희비의 쌍곡선을 경험하면서 우리는 더욱 인간다워질 수 있을 것이라 믿는다.

일이 발전되지 않는다는 느낌이 들 때

- 새로운 기술을 배울 기회가 있어도 별것 아니라는 생각으로 배우기를 포기한다.
- 세상의 변화와 자신의 게으름에 대해서 점점 두려운 생각이 든다.
- 사소한 것들을 무시하려 하고 크고 중요한 일에만 집중하면 된다고 생각한다.
- 나 자신과 일이 성장하고 발전하고 있다는 것을 확인할 수 있는 기회가 전혀 없다.
- 다른 사람들의 성장하는 모습을 보면서 '나도 저럴 때가 있었는데.' 하는 생각이 든다.

1. 자신을 인정하자

나름대로 열심히 해왔는데 일이 발전되지 않는다는 느낌이 들 경우 이제 그 깊이에 한계가 왔다는 것으로 받아들여야 할 것이다. 이때 자신의 한계를 인정할 수 있느냐가 중요하다. 한계를 뛰어넘기 위해 다시 시작하려면 맨 먼저 현재의 자신이 부족하고 교착상태에 봉착했음을 인정해야 한다.

2. 다른 분야를 살펴보자

교착상태에 빠졌다고 느낀다면 다른 분야를 연구해보라. 잘 모르는 혹은 일해보지 않은 분야를 연구하고 살펴봄으로써 지금 하고 있는 일의 가치를 높일 기회를 얻을 수도 있다.

우리 시대의 일은 한 가지의 전문지식으로는 성장에 한계가 있다. 다른 분야의 지식과 믹싱(mixing)되어야 힘을 발휘한다. 여기서 믹싱은 지금 내가 하고 있는 일과 다른 분야의 일 사이에 연관성을 발견해서 그것을 자기만의 장점으로 새롭게 만들어가야 한다는 의미다. 창의성이라는 말은 서로 다른 두 분야의 경계에서 어떤 연관성들을 찾아내느냐는 문제인 것이다.

자신의 일이 교착상태에 빠졌다면 이제는 다른 분야의 지식과 기술을 연구할 때가 왔다는 신호로 받아들여보자. '퓨전 사극', '녹차 삼겹살', '개그 콘서트' 모두가 자기 분야의 한계를 다른 분야와의 결합을 통해 돌파해낸 것들이 아닌가.

3. 오픈 마인드를 갖자

문제의 해결책은 마음이 열린 사람에게 찾아오는 일종의 선물이다. 마음이 닫힌 사람들은 똑같은 현상을 보고도 아무런 감흥을 얻어내지 못한다. 이미 자신의 세계에만 골몰해 있기 때문에 다른 사람들의 모습이 눈에 잘 보이지 않는 것이다. 자신의 일을 보다 높은 차원으로 끌어올리기 위해서는 아무리 작은 현상이라도 나와 다른 점은 무엇인지를 살펴보려는 열린 마음을 가지고 있어야 한다. 그러다 보면 일상의 작은 경험들이 언젠가 신선한 자극제가 되어 나를 밀어줄 것이다.

일이 발전되지 않는다는 느낌이 들 때

1. 자신을 인정하자

2. 다른 분야를 살펴보자

3. 오픈 마인드를 갖자

사람은 산이 아니라
작은 흙덩이에 걸려 넘어진다

어느 마라톤 선수가 완주를 하고 나서 기자들과 인터뷰를 했다. 가장 힘든 점이 무엇이었냐는 기자들의 질문에 그는 '신발 속에 든 모래 한 알'이라고 대답했다고 한다. 아마 그는 달리면서도 발을 파고드는 모래 한 알을 어떻게 처리할까 고민했을 것이다. 신발을 벗어서 모래를 털어낸 다음 다시 달렸으면 좋겠다고 수도 없이 생각했을 테지만 마라톤은 일단 한번 멈추어서면 다시 일어나 달리기 어려운 경주다. 장애물을 제거하고 나서 달리고 싶지만 그럴 수 없는 안타까움이 바로 그가 겪은 고통의 실체였던 것이다.

인생을 마라톤에 비유하는 사람들이 많다. 100미터 달리기와는 달리 장거리 레이스이기 때문에 자기관리와 장기적인 시각을 갖는 것이 중요하다고 말한다. 마라톤 선수의 이야기를 우리들의 인생에 빗대어 보자면 맞바람과 같은 큰 어려움이나 언덕바지 같은 고통의 길 때문에 달리기를 포기하는 것이 아니라 가족 간의 불화, 내적 불만족, 배려부족, 신뢰상실 같은 작은 것들 때문에 주저앉아버릴 수도 있다는 말이다. 이렇게 아주 작고 사소한 것이지만 그것으로 인해 문제가 생겨 결국 성공과 실패가 좌우되는 경우는 아주 많다.

어느 신입사원이 석 달 만에 다니던 회사를 그만두고 말았다. 회사는 임금도 높은 편이고, CEO의 철학도 괜찮았고, 비전도 있는 곳으로 정평이 나 있었지만 그는 석 달을 넘기지 못했다. 그만두는 직원을 불러 사장이 그 이유를 물었더니 의외의 대답이 돌아왔다.

"상사들이 마음에 들지 않아요."

회사의 비전이나 미래에 대한 희망 같은 큰 문제보다도 같이 근무하는 상사 한 사람의 영향력이 훨씬 큰 법이다. 비전이나 희망은 피부로 느낄 수 없지만 자신의 상사가 싫은지 좋은지는 뼈에 사무치도록 와 닿는다. 일하기 좋은 회사들은 구성원들의 인간관계가 좋다는 점이 중요한 장점으로 작용하기 때문에 승승장구하는 것이리라.

톨스토이의 글 중에 두 마리 말에 관한 이야기가 있다.

말 두 마리가 각각 수레를 끌고 있었다. 검은 말은 열심히 수레를 끌고 나갔지만 흰 말은 길가의 풀이나 뜯어먹고 게으름을 피우면서 자꾸만 뒤로 처졌다.

그러자 주인은 뒤에 있는 흰 말의 짐을 검은 말의 수레에 옮겨 실었다. 짐이 가벼워진 흰 말은 검은 말에게 다가가 말했다.

"무엇 때문에 그렇게 열심히 일하니? 네가 열심히 하니까 내 짐까지 끌고 가야 하잖아. 사람들은 동물들이 열심히 일할수록 더 많이 부려먹는단 말이야. 그러니 너도 적당히 해."

그러나 검은 말은 대꾸도 없이 열심히 수레를 끌었다.

그날 저녁, 주인은 흰 말을 마구간으로 들이지 않았다.

"말 한 마리가 두 몫을 하는데 두 마리를 다 기를 필요는 없지."

주인은 검은 말에게 먹이를 잔뜩 주고 흰 말에게는 먹이를 주지 않아 결국 흰 말은 굶어 죽고 말았다.

무엇이든지 대충대충 넘어가고 사소한 것은 무시해버리는 듯 행동하는 무던한 성격을 지닌 나 같은 사람들은 흰 말의 사례를 경계할 필요가 있을 것 같다. 자신의 능력을 발휘해서 무엇인가를 해낼 수 있는 분야에서는 제대로 해야 한다. 그렇지 않으면 다른 분야까지 대충대충 정신이 깃들어 결국은 제대로 할 수 있는 게 별로 없어질 것이다. 그리고 자신의 능력을 발휘해야만 하는 분야는 일상에 있는 경우가 많다.

백락은 말을 감정하는 전문가로 이름이 높아서 그의 집에는 말을 감정하는 방법을 배우기 위해 찾아오는 사람들이 많았다. 그런데 이상하게도 백락은 마음에 들지 않는 사람에게는 천리마 같은 훌륭한 말의 감정법을 알려주고 마음에 드는 사람에게는 보통 말을 감정하는 법을 알려주었다.

이를 이상하게 여긴 사람이 이유를 묻자 이렇게 말했다.

"천리마 같은 명마는 드물게 나오는데다 값이 비싸서 돈벌이에 도움이 되지 않는다네. 대신 보통 말은 수요가 많고 매일같이 찾는 사람들이 넘쳐나니 벌이가 좋다네. 내가 마음에 드는 사람에게 보통 말의 감정법을 알려주는 것은 이 때문일세."

이는 우리가 흔히 접하는 일상의 것들이 훨씬 중요하다는 교훈을 준다. 추리작가 코난 도일도 비슷한 말을 남겼다.

"가장 좋은 것은 조금씩 찾아온다. 작은 구멍에서도 햇빛을 볼 수 있다. 사람들은 산에 걸려 넘어지지 않는다. 그들은 조약돌에 걸려 넘어진다. 작은 것들이 곧 중요한 것이다. 오랫동안 내 좌우명이 되어온 것은 '작은 일들이 한없이 중요한 일이다'라는 것이다."

작은 것을 소홀히 대하면 큰 것을 이룰 수 없다. 태산은 한줌의 흙도 마다하지 않기 때문에 큰 산을 이룰 수 있고, 황하는 작은 냇물조차 받아들이기 때문에 큰 강을 이룰 수 있다고 했다. 책을 읽는 일도 글을 쓰는 일도 모두 이와 같다. 한 줄 한 줄 읽기에 집중하지 않으면 나중에 책 한 권을 다 읽어도 도무지 무엇을 읽었는지 기억조차 나지 않을 것이다. 한 권의 책을 쓰기 위해서는 한 자 한 자 집중하고 생각해서 글을 써야만 한다.

자신이 아는 것이 많다고 착각하는 사람들이 많다. 막연하게 알고 있으면서 구체적으로 정확하게 알고 있다고 생각한다면 사실 제대로 아는 것이 아니다. 막연하게 아는 것은 생활의 경험이 빠져 있기 때문에 현장에서 활용될 수 없다. 구체적으로 안다는 것은 자신의 경험에 비추어 현실에서 확인된 것이므로 그것이야말로 진정으로 안다고 말할 수 있는 기본이 된다.

막연하게 아는 것과 구체적으로 아는 것의 진정한 차이는 그것으로 무엇인가를 할 수 있느냐 없느냐로 나타난다. 막연하게 알거나 어렴풋한 꿈으로는 아무것도 이룰 수 없다. 구체적으로 생각할 수 없는 일은 실현되지 않기 때문이다.

구체적으로 정확히 알기 위해서는 작은 것이라고 소홀히 대하지 않는 태도가 필요하다. 시인 박노해는 "큰 것을 잃어버렸을 때는 작은 진실부터 살려가야 한다"고 했다. 작은 일과 작은 옳음이 작은 차이를 만들고 그것이 커다란 진보를 만들기 때문일 것이다.

작은 일에 집중력이 생기지 않을 때

- 지위가 높아지고 경제적으로 여유가 생겼다.
- 사소한 일들은 다른 사람들에게 맡기고 나는 더 중요한 일을 해야 한다고 생각한다.
- 작고 사소한 일들은 해도 남들에게 인정을 받지 못하고 경제적인 부로 연결되지 않는다고 생각한다.
- 그런 일들은 해도 별 표시가 나지 않고 시간도 많이 걸린다고 생각한다. 솔직히 그런 일을 하기에 내 시간이 너무 아깝다. 동시에 점점 게을러지는 것을 느낀다.

Solution!

1. 잠시 덮어두자

지나치게 집착해서 꼭 성공해야 한다는 생각을 하게 되면 작은 일에 집중력이 생기지 않는다. 지나친 욕구가 오히려 방해가 되는 경우이다. 이럴 때는 잠시 덮어두는 것도 괜찮을 것이다. 덮어두고 잠시 다른 곳으로 눈을 돌렸다가 다시 시작하면 새로운 눈으로 접근할 수 있다. 그러나 그 시간이 너무 길어서는 안 된다. 내 경험상 적당한 시간이 언제인가는 스스로 알게 된다.

2. 스스로를 설득하자

개인의 모든 변화가 그렇지만 핵심은 스스로를 설득할 수 있느냐에 있다. 변화란 논리가 아니라 감정의 문제이다. CEO가 아무리 구성원들에게 변화할 것을 논리적으로 설득해도 먹히지 않는 이유는 그들의 감정을 배려하지 못했기 때문인 경우가 많다. 강요받고 있다고 느끼는 구성원들은 대체로 자발적으로 참여하지 않고 그런 태도로는 효과적인 변화역할을 수행할 수 없다.

개인도 마찬가지여서 자기 자신에게 작은 일이 중요하며 그것을 충실히 수행해야 한다는 사실을 설득할 수 있는 사람에게 성장의 기회가 주어진다. 작은 일에 충실하지 못한 사람은 스스로를 설득하는 것에 실패한 사람임이 분명하다.

3. 목표를 적어보자

지금의 작은 일이 어떤 목표를 향해 가고 있는지 확인해보자. 하루를 힘 있게 살 수 있는 사람은 일 년 후의 변화된 자신의 모습을 머릿속에 간직하고 있는 사람일 가능성이 높다. 큰 일은 작은 일들의 합으로 만들어진다. 몇 개월 후에는 한 권의 책으로 나올 것이라는 확신이 없다면 하루에 한 페이지씩 쓰는 일이 고역처럼 느껴질 것이고, 일 년 후에는 좋은 대학에 갈 수 있다는 확신이 없는 수험생은 수학 공식 하나 외우기 힘들 것이다. 작은 일이 하기 싫을 때는 큰 일을 위해서 이 일이 왜 필요한지를 확인해보는 것이 큰 도움이 된다.

작은 일에 집중력이 생기지 않을 때

1. 잠시 덮어두자

2. 스스로를 설득하자

3. 목표를 적어보자

남을 행복하게 할 수 있어야
자기도 행복하다

지하철에서 장애인들이 가까이 와서 물건을 팔려고 하면 사람들은 다른 곳으로 눈을 돌리거나 짐짓 모른 체하며 제발 나에게는 오지 말았으면 하고 바란다. 만약 그가 자기에게 뭔가를 요구해 오기라도 하면 무표정한 얼굴로 외면해버린다. 그리고는 속으로 불만을 터뜨리거나 다른 사람들이 나를 어떻게 생각할까를 고민하며 표정관리 하기에 여념이 없다. 이렇게 심리적으로 곤란한 상황에 부딪히기를 반복한 후 언제부터인지 나는 생각을 바꾸어서 약간 다르게 행동하고 있다.

어느 날 아침 시외버스 정류장을 향해가고 있는데 스무 살 남짓 되는 청년이 와서는 차비가 없다며 차비를 달라고 했다. 어디를 가느냐고 물어보고서 얼른 지갑을 꺼내 적당한 차비를 줬더니 고맙다는 말을 남기고는 버스 정류장을 향해 날듯이 달아났다. 그의 뒷모습을 보며 기분이 좋아졌다.

그날 오후 회사 앞에서 볼펜을 내미는 장애인을 만났다. 볼펜 두 자루가 비닐봉지에 포장되어 있었고 그 속에는 '장애인 돕기 기금마련'라고 적혀 있었다. 가격은 천 원이었다. 지갑에서 이천 원을 꺼내 값을 치르자 천 원을 돌려주려 했다. 됐다며 얼른 돌아서 와버렸다. 오늘은 이상하게 이런 일이 많다는 생각을 하면서 왠지 모르게 기분이 좋아졌다.

좋은 일만 있었던 것은 아니다. 얼마 전 길을 가다가 휠체어에 앉은 뇌성마비 장애인을 만났다. 나에게 잘 알아듣지 못하는 말로 뭔가 도와주기를 바라고 있었다. 얼핏 보니 도로의 턱 때문에 휠체어가 인도로 올라갈 수 없어 밀어달라는 것 같았다. 순간 나는 당황했고 못 본 척하며 그 앞을 얼른 지나오고 말았다. 하루 종일 일이 손에 잡히지 않았다.

한참 일에 빠져 있는데 동료가 와서 뭔가를 도와달라고 했다. 문서작업이었는데 할 수 있는 것이었지만 모른다고 했다. 돌려보내고 내 일이 끝난 후 생각해보니 미안한 생각이 들었다. 그날 이후 그는 나에게 부탁을 잘 하지 않는 것 같다.

우연히 겪게 되는 이런 일들을 통해서 나는 다른 사람을 도울 수 있을 때 나 자신도 도울 수 있다는 사실을 배웠다. 자신을 사랑하는 길은 다른 사람을 사랑함으로써 가능하다는 사실도 배웠다. 자신에게 충실하기 위해서는 다른 사람에 대한 배려와 사랑이 있어야만 한다는 사실도 배웠고, 그것은 다른 사람이 아닌 내가 먼저 시작해야 한다는 것도 알게 되었다.

1952년 노벨 평화상을 받은 사람은 슈바이처 박사였다. 그는 아프리카에서 병원을 짓고 평생 동안 원주민들과 생사고락을 함께하며 살았는데 노벨상으로 받은 상금 전액을 병원을 위해 사용했다. 같은 해에 노벨 문학상을 받은 카뮈는 저택과 멋진 자동차를 샀는데 얼마 후 교통사고로 죽고 말았다.

한 남자가 깜깜한 밤길을 걷고 있었다. 그런데 맞은편에서 소경이 등불을 들고 걸어오고 있었다. 남자가 그에게 물었다.

"당신은 앞을 보지 못하는데 왜 등불을 들고 가십니까?"

"나는 보지 못하지만 맞은편에서 오고 있는 사람이 이 등불을 보고 소경이 걸어가고 있다는 것을 알 수 있기 때문이지요."

남을 행복하게 해주는 사람이 얻을 수 있는 행복은 자기 자신에 대한 뿌듯함과 '내가 세상에 무엇인가를 남기고 가는구나.' 하는 희열일 것이다. 거기에 자기를 알아주는 한 사람의 따뜻한 마음이 있다면 더 바랄 것이 없을 듯하다.

톨스토이는 단편 《세 가지 물음》에서 사람에게 가장 중요한 것을 다음과 같이 말했다.

"그러니까 가장 중요한 사람은 그 사람이었고 가장 중요한 일은 당신이 그 사람에게 해주었던 일이오. 그런즉 가장 중요한 때는 오직 하나 '지금'일 뿐이고, 왜 그것이 가장 중요한 것인가 하면, 오직 하나 '지금'에 있어서만 우리들은 그것을 마음대로 다룰 수 있기 때문이고, 또 가장 중요한 사람은 지금 접촉하고 있는 사람인데 그것은 앞으로 그 어떤 다른 사람과 또 일을 갖게 될지 어떨지는 아무도 알 수 없기 때문이며, 가장 중요한 일은 그 사람에게 선을 행하는 것인데 그것은 오직 그것을 위해서만 인간은 이 세상에 보내졌다는 것을 마음에 새겨 두시오."

자신이 이기적이라는 생각이 들 때

- 지하철이나 거리에서 만나는 사람들에게 동전 한번 건네본 적이 없다.
- 사무실에 물건을 팔러 오는 학생들이나 상인들을 외면하는 것이 가장 좋은 방법이라고 생각한다.
- 이번 달에 저축해야 할 돈의 목표를 채우지 못하면 어쩌나 하는 걱정만 앞선다.
- 가족들의 생계와 노후보장에만 관심이 쏠리고 주식과 돈 관리에 관한 책들만 보게 된다.

Solution!

1. 스스로 이기적임을 인정하자

인간은 누구나 이기적이다. 이 글을 쓰는 나 또한 그렇다. 자신이 이기적이라는 생각이 들 때 우리는 당연히 도덕적으로 가슴 아플 수밖에 없다. 이럴 때는 그런 자신을 있는 그대로 인정해야 한다. 자신뿐만 아니라 모든 인간은 이기적이라는 사실을 인정하는 것이다. 스스로 이기적이라는 사실을 인정하면 마음이 편안해진다. 그리고 그 편안한 마음을 기초로 우리는 보다 건강하고 보람 있게 살 수 있다는 자신감을 확보할 수 있다.

2. 사람을 보는 관점을 바꾸자

누군가 나에게 도움을 청해 오거든 일단 돕고 보자. 그런 도움들은 보통 큰 돈이 아니라 작은 성의와 행동을 필요로 하는 경우가 많다. 다른 사람들의 시선을 의식하지 말고 내가 할 수 있는 범위 내에서 도와보자. 사람들을 대하는 관점을 다르게 해보자는 것이다. 한두 번 그러다 보면 자연스럽게 기분도 좋아지고 자신을 긍정적으로 볼 수 있게 된다.

3. 자신감을 갖자

이기적인 생각들은 다른 사람과의 관계에서 자신감이 떨어질 때, 그리고 경제적 활동으로 자신과 가족을 부양할 수 있다는 확신이 부족할 때, 지나치게 다른 사람들과 경쟁하려고 할 때 강해지는 경향이 있다. 사람은 듣는 것, 보는 것, 익히는 것에 의해 만들어진다. 스스로 배우고 성장할 수 있으며 도덕적으로 건강해지리라는 자신감을 회복할 기회로 생각하면 된다. 인생을 잘살아낼 자신감이 있을 때 이기심은 꼬리를 감춘다.

'처음처럼'의 태도를 갖추자

대학생 : 직장만 들어가면 뭐든지 다 할 수 있을 것 같다.

직장인 : 직장만 그만둘 수 있으면 다 될 것 같다.

대학생 : 멀쩡한 직장 때려치우고 장사하는 사람을 이해할 수 없다.

직장인 : 상사에게 당당하게 사표 던지고 자기 장사하는 사람이 가

장 부럽다.

우리 사회의 단면을 아주 잘 보여주는 말이다. 요즘은 대학을 졸업

하면서 어떤 회사인지 가리지 않고 취업을 했다는 것 자체만으로도 집

안에 큰 경사가 난다. 자식 결혼보다 취직하는 것이 부모들의 걱정거리가 되었다. 그래서인지 직장만 들어가면 뭐든지 다 할 수 있다고 생각하는 것 같다. 하지만 그렇게 열정적으로 직장생활을 시작한 사람들도 막상 직장생활 1년만 지나면 다른 것 해볼 것 없나를 두리번거리기 시작한다. 그리고 3년쯤 지나면 직장만 그만둘 수 있으면 정말 행복하겠다는 말을 달고 다니게 된다.

우리의 열망처럼 취업만 한다고 해서 다 잘되는 것도 아니고, 직장을 그만두고 자기 사업을 할 수 있다고 해서 행복해지는 것도 아니다. 현재 자신의 생활에 불만이 있기 때문에 다른 곳이 좋아 보이는 것뿐이다. 이렇게 생각하는 사람들은 어느 곳을 가든지 똑같은 불만이 계속해서 생길 것이다. 직장이 견디기 어려워 그만둔 사람이 자기 사업을 한다고 해서 그 사업에 충실하고 만족해할 수 있을까. 대부분이 부정적으로 결론이 나고 마는 듯하다.

그 이유는 태도의 문제 때문일 것이다. 일이 힘들어도 자기만의 의미를 부여해가면서 그 속에서 성장하는 사람이 있는가 하면, 일이 편해도 돈이 안 된다면서 지금의 일보다는 남들이 좋다고 말하는 곳을 기웃거리는 사람도 있다. 지금 그 사람이 하고 있는 일에 대한 태도에서 이미 미래에 하게 될 일에 대한 성공의 여부도 결정되는 것이 아닐까? 현재의 일에 적극적이지 않은 사람은 다른 일을 해도 똑같은 결과가 나올 것이다.

옛말에 남의 떡이 커 보인다고 했는데 그런 사람들은 다른 큰 떡을 줘도 자기 떡은 건성으로 보고 다른 사람의 떡만을 쳐다보고 다닌다.

자기에게 주어진 것들이 얼마나 많고 이것들만 있어도 얼마나 행복할 수 있는지는 생각하지 않기 때문에 영원히 행복의 문으로 들어갈 수는 없을 것이다.

'지금보다 돈이 조금만 더 많으면 기부를 할 수 있을 텐데…….'

'내 키가 조금만 더 컸어도 운동선수가 될 수 있을 텐데…….'

'승진만 시켜주면 정말 일을 제대로 한번 해볼 텐데…….'

'예쁜 여자친구만 있으면 전국을 다니며 재미있는 구경을 같이 할 수 있을 텐데…….'

'우리 팀장만 바뀌면 내가 생각하고 있는 프로젝트를 제대로 한번 추진해볼 수 있을 텐데…….'

'조금만 덜 바쁘면 책을 읽을 수 있을 텐데…….'

이렇게 말하는 사람들은 영원히 그들의 소망을 이룰 수 없을 것이다. 그들이 '만약 ～이라면' 하고 가정했던 상황은 오지도 않을 것이거니와 그런 상황이 온다 해도 그때는 또 다른 '만약'이라는 조건이 같이 찾아올 것이기 때문이다. 프로젝트를 제대로 추진해볼 수 있겠다고 말하는 사람들의 머릿속에는 제대로 구성된 프로젝트 자체가 없을 뿐만 아니라 있다고 해도 그것을 실천할 용기와 믿음이 없을 것이다. 그렇지 않다면 그 프로젝트는 벌써 실행 중일 테니까 말이다.

《근사록(近思錄)》에 이런 말이 있다.

"욕망이 강한 사람은 진정한 강함이 없고, 진정으로 강한 사람은 욕망에 굴복하지 않는다."

진정으로 강한 사람은 현재 자신이 가진 욕망을 관리할 수 있는 사람일 것이다. 지금 충실히 무엇인가를 하지 못한다면 어떤 다른 환경들이 주어진다 한들 변하는 것이 없음을 알기 때문이리라.

이제부터 '만약 ~라면' 하는 가정은 잊어버리자. 그런 가정들은 모두 내 변명일 뿐 삶에 아무런 도움이 되지 않는다. 대신 이렇게 생각해 보는 것은 어떨까.

"지금 제대로 공부해놓지 않으면 직장에 들어가서도 내 뜻을 펼치지 못할 테니까 열심히 하자."

"이 정도의 어려움에 주저앉아서는 직장을 그만두고 개인 사업을 한다고 해도 실패할 것이 뻔하다. 지금의 어려움을 슬기롭게 넘겨보자."

때로는 '무엇을 하고 있는가' 보다 '어떻게 하는가' 가 더 중요하다.

매너리즘에 빠졌을 때

- 일을 하는 방법이 매번 똑같다.
- 선배들이 해온 방법이나 기존에 성공했다고 말하는 것들을 그대로 답습하여 되도록 안전하게 일하려고 한다.
- 친구들을 만나도 새롭게 해줄 이야기가 없다.
- 2년 이상 똑같은 일을 계속하고 있으며 새로운 일을 해야할 필요성을 느끼지 못하고 있다.

Solution!

1. 자리를 바꾸자

매너리즘은 같은 일을 너무 오래하고 있기 때문에 생기는 경우가 많다. 한 직장에 있더라도 의식적으로 다양한 일들을 경험해보려고 노력하자. 그렇게 함으로써 스스로도 긴장하게 되고 여러 일들을 결합하여 자기만의 새로운 노하우를 만들어낼 가능성도 많아질 것이다.

2. 일하는 방법을 바꾸자

마음을 아무리 곧추세우려고 해도 불가능한 때에는 환경이나 하고 있는 일의 구조와 방법을 바꾸는 것이 오히려 효과적이다. 일하는 방법을 바꾸면 마음도 신선하고 밝아진다. 선배들이 해왔던 방법이나 기존에 인정받았던 방법 외에 의식적으로 다른 방법을 사용해보자. 기억할 것은 누구도 처음 시도하는 방법으로 좋은 평가를 받기는 어렵다는 것이다. 새로운 방법들이 갈고 다듬어질 때까지는 약간의 모험이 필요한 법이다.

3. 벤치마킹을 떠나자

다른 사람들이 일하는 방식들을 배운다는 것은 일하는 방법 자체를 익히는 것보다 새로운 자극제를 얻게 된다는 데에 더 큰 의미가 있다. 나의 경우 남들을 따라하는 것을 싫어하는 성격이어서 그들의 일하는 방법에 대해서는 크게 자극받지 못한다. 대신 그들 나름대로 다양하고 창의적인 생활 패턴으로 다양한 방법을 사용하는 것을 보면서 나도 뭔가 새롭게 해야겠다는 결심을 하게 되는 경우가 많다. 일하는 방법을 배우는 것이 아니라 새롭게 해보겠다는 의지를 배우는 것이다.

매너리즘에 빠졌을 때
1. 자리를 바꾸자 2. 일하는 방법을 바꾸자
3. 벤치마킹을 떠나자

일이 싫어질 때 여섯 번째…

화살을 과녁에 도달하게 하는 것은 힘이지만 정확히 맞히도록 하는 것은 계획이다

정보처리기사 시험 공부를 하는 친구가 있었다. 문제는 회사를 다니면서 공부를 해야 한다는 것이었다. 컴퓨터 전공자가 아니었기에 공부에 어려움이 있을 것이고 회사 일 때문에 시간이 부족하겠지만 다른 시간들을 줄이고 공부하겠다며 결의를 다지곤 했다. 자신이 정말 합격할 수 있을까 하는 약간의 불안한 마음은 있었겠지만 날마다의 열정적인 행동으로 그런 불안을 떨쳐내면서 확신을 키워나가는 듯했다. 그렇게 시간이 지난 어느 날 그는 결국 자신이 원하던 합격통지를 받았고 어떻게 합격했냐고 묻는 나에게 이렇게 말했다.

"계획의 힘이야!"

그의 말에는 하루하루 계획을 세워서 공부하다가 보니 합격하게 되었다는 뜻이 내포되어 있었다. 사실 그때 내가 기대했던 답은 '자신감을 가지면 돼'라는 말이었다. 그는 평소에 자신감에 차서 행동하는 사람이었기 때문이다. 하지만 대답은 의외로 '계획'이었다. 아마도 공부를 하면서 약해지는 자신감을 추스르고 확신을 심어주었던 것이 계획에 따른 실천이었다고 느꼈던 것이리라.

직장인들은 평소에는 잘 견디다가 사소한 일 때문에 갑자기 지치는 경우가 있다. 언제까지 직장생활을 해야 할지에 대해서 불만과 불안을 동시에 가지고 있기 때문에 자신감과 꾸준한 자기관리가 따라주지 않으면 오랫동안 열정을 유지하면서 회사생활을 하기가 어렵다. 세상이 싫어지고 자신도 싫어지고 주위 사람들도 싫어지는 순간이 오는 것이다.

살다 보면 이렇게 에너지가 부족해서 모든 것을 포기하고 싶어지는 날이 찾아오게 마련이므로 정신적인 에너지를 꾸준하게 관리하는 자기만의 방법을 가지는 것이 무엇보다 중요하다. 정신적 에너지를 갖추어 자기 인생을 밀고 갈 힘을 얻어내는 것은 육체적 생명을 다하는 순간을 넘어 영원한 삶을 살 수 있도록 한다. 죽음 이후에도 여전히 우리에게 영향력을 미치고 있는 사람들의 삶이 그렇지 않았던가. 아인슈타인이 그렇고 헬렌 켈러가 그렇고 이순신 장군이 그렇다. 그들의 삶은 정신적 에너지로 충만했기 때문에 인간의 수명을 넘어 오랫동안 우리의 뇌리 속에 잊혀지지 않는 이름으로 기억되고 있는 것이다.

우리를 목표에 도달하게 하는 것은 분명 이런 정신적인 힘의 작용이다. 그러나 이런 힘만으로는 화살이 과녁에 도달하게 할 수 있을 뿐 과녁의 중앙을 맞히도록 할 수 없다. 과녁의 중앙을 맞히도록 하는 것은 바로 계획이다.

에너지가 풍부한 사람들은 많은 것들을 오랫동안 할 수 있다. 하지만 그 에너지가 어떤 하나의 목표로 집약되지 않는다면 에너지가 풍부하다는 것이 오히려 약점이 될 수도 있다. 자신이 무엇을 해야 하는지 알지 못하는 사람들에게 칼자루를 쥐어주면 사고 칠 공산이 커진다.

젊은 사람들은 열정은 강하지만 감정 관리에 어려움을 겪는다. 반면에 나이가 든 사람들은 상대적으로 열정은 약하지만 스스로의 감정이나 계획에 따라 하루를 움직이는 데는 능숙하다. 나이와는 상관없이 열정이 강하거나 자신을 잘 관리하는 사람들도 있다. 그들의 공통점은 자기만의 독특한 방법으로 열정과 계획을 관리하고 있다는 것이다.

골프 천재라는 타이거 우즈의 샷을 보기 위해 갤러리들이 모여들었다. 재미있는 것은 그가 휘두르는 골프채를 중심으로 공이 날아갈 방향을 향해 마치 일렬로 정렬하듯이 줄을 선다는 것이다. 구경하는 사람조차 저러다가 그가 친 공이 얼굴로 날아가면 어쩌나 걱정될 정도지만 갤러리들은 미동도 없이 얼굴을 내밀어 그의 샷을 지켜본다. 만약 공을 치는 사람이 타이거 우즈가 아니라 골프채를 처음 잡은 아마추어였다면 어떻게 되었을까? 마찬가지로 세계적인 양궁선수들이 활을 쏘면 과녁 주위에 사람들이 몰려들지만 열 살짜리 아이가 활을 쏘면 모두 엎드리거나 숨을 곳을 찾아다닐 것이다.

힘은 있으나 그 힘이 어디로 분출될지, 힘을 어떻게 사용해야 할지를 모르는 사람은 다른 이들을 불안하게 만든다. 한마디로 어디로 튈지 모르기 때문이다. 힘을 어디에 집중해서 사용해야 하는지를 알아야 한다. 그래야 과녁의 중앙에 화살을 적중시킬 수 있다.

힘을 집중해서 사용하도록 하는 것이 바로 계획이다. 계획은 오늘 혹은 한 달 동안 내가 어디에 집중해서 무엇을 해야 할지를 알려준다. 그 길을 따라 꾸준히 가기만 하면 과녁의 중앙에 도달할 수 있는 지도 같은 것이다. 목표는 있지만 그곳에 어떻게 가야 하는지를 알지 못하는 사람들이 의외로 많다. 계획을 세우지 않았기 때문이다. 또한 계획을 세워놓기만 하고 꾸준히 실행과 수정을 반복하지 않았기 때문이다.

자신이 원하는 곳에 도달하고 싶은 사람은 자신의 에너지를 관리함과 동시에 계획을 세우고 그에 따라 하루를 진행할 수 있어야 한다. 그러던 어느 날 우리는 자신이 원하는 곳에 이미 당도해 있음을 발견할 것이다.

화살을 과녁에 도달하게 하는 것은 힘이지만 정확히 맞히도록 하는 것은 계획이다.

계획 세우는 것에 지쳤을 때

- 계획을 세웠는데 실천하지 못하는 일이 반복된다.
- 계획을 세우는 것이 소용없는 짓이라는 생각이 든다.
- 자신에 대한 실망감과 미래에 대한 불확실성으로 상처를 입었다.

Solution!

1. 거창한 계획은 세우지 말자

계획은 잘 세우는데 실천하지 못하는 사람들이 많다. 자기계발에 관심 있는 사람이라면 이 딜레마에 한두 번은 직면해보았을 것이다. 오늘 세운 계획이 내일이면 기억도 나지 않고 전혀 실천이 되지 않는 것을 발견하는 아픔이라니……

초기에는 간단하고 짧은 시간에 끝나는 계획을 세우는 것이 좋다. 그래야 실현 가능성이 높다. 이런 작은 계획과 실천에 익숙해지고 자신감이 생겼을 때 3년 혹은 5년 계획으로 옮겨가는 것이 좋다.

2. 유혹에 흔들리지 말자

계획은 나와의 약속이고 그 약속을 깨려는 사람들이 나타나게 마련이다. 유혹은 수시로 찾아온다. 한번 유혹에 마음이 흔들리면 허물어지는 것은 금방이다. 처음 유혹이 다가왔을 때 아예 그 유혹에 대해 생각도 하지 말고 자신이 계획한 일로 달려가야 한다. 강한 사람은 유혹을 뛰어넘어야 할 대상으로 생각하지만 약한 사람은 유혹해줄 사람을 기다린다. 약한 사람이 되지 않으려면 유혹은 당연히 오는 것이고 그것을 나는 당연히 극복해야 한다고 미리 마음의 준비를 해야 한다.

3. 실패의 원인은 게으름이다

사람이 유혹에 약하다는 말을 뒤집어보면 의지가 약한 동물이라는 말이 된다. 계획은 세웠지만 실행하지 못하는 사람들은 의지가 부족하고 게으른 편이다. 이렇게 몇 번 실천 없는 계획 세우기만을 반복하면 스스로 지친다. 자신의 한계를 인정하게 되고 '나는 안 된다'고 생각해버리기 쉽다. 하지만 능력이 없어서 안 되는 것이 아니라 게으르기 때문에 안 되는 것임을 알아야 한다. 특히 자신의 게으름 때문에 실패하는 것을 타고난 능력이 부족하기 때문이라고 회피하려 해서는 안 된다. 자신을 인정하는 것에 인색한 사람은 다시 시작하는 데 시간이 많이 걸릴 것이다.

4. 계획을 세우자

계획 세우는 것에 지쳤을 때는 다시 계획을 세우는 방법도 좋다. 이번에는 좀더 구체적으로 제대로 다시 세워보는 것이다. 그리고 계획과 함께 자신이 추구해야 할 목표도 구체적으로 다시 생각해보는 것이 좋다. 목표는 구체적이어야 하며 그것을 달성했을 때의 모습을 상상할 수 있어야 한다. 그 장면이 뇌리에 깊이 박힐수록 목표가 달성될 확률은 높아지고 계획에도 힘이 실린다.

계획 세우는 것에 지쳤을 때

1. 거창한 계획을 세우지 말자

2. 유혹에 흔들리지 말자

3. 실패의 원인을 제거한다

4. 계획을 세우자

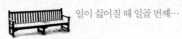

문제를 과장해서 생각하지 말자

침소봉대(針小棒大)라는 말이 있다. 바늘처럼 작은 것을 막대같이 크게 과장하는 것을 비유한 말이다. 주위를 둘러보면 가끔 다른 사람들에게 자신의 능력이나 업적을 과장해서 말하는 사람들이 있다. 허위의식에 둘러싸여 자신의 능력이나 업적을 과대포장 해야만 하는 우리 실정이 안타깝게 느껴질 때가 많다.

사실 나를 포함한 대부분의 사람들은 스스로를 과장하는 버릇이 있다. 자신의 잘난 점도 과장하고 못난 점도 과장한다. 잘난 점을 과장하는 것은 그렇다 치더라도 못난 점을 과장하는 것이 이해되지 않을 수도 있을 것이다. 사람들은 때때로 자신의 잘못이나 단점을 과장함으로써 자신을 짓밟는다. 짓밟고 나면 완전히 밑바닥으로 자신을 내팽개쳤기 때문에 다른 사람들의 동정을 얻을 수 있을 뿐만 아니라 스스로도 약간의 헝그리 정신을 일깨울 수 있다. 누구나 가끔 이런 추락을 즐기기는 것 같다.

자신의 못난 점을 과장하는 정도라면 인간관계에서 애교로 봐줄 만하지만 문제는 이것이 일에 적용될 때이다. 어떤 난관에 봉착하면 사람들은 그 난관을 크고 엄청난 것으로 확대해석하려 한다. 다른 사람의 일이나 어려움은 아주 명쾌하게 해석하고 극복방안까지 제시하면서도 자신의 작은 문제는 큰 빙산이라도 만난 것처럼 뻥튀겨서 알리기에 급급해한다. 실제로 그렇게 확대해석하면 문제를 해결할 창의적인 사고력과 행동력이 떨어져서 쉽게 해결할 수 있는 일도 어려워진다.

그렇다면 큰 문제없이 무난히 진행되고 있는 상황을 폄하하면서까지 문제를 심각하게 과장하는 이유는 무엇일까? 우선 다른 사람들에게 내가 이렇게 어려운 상황에 있다는 사실을 홍보함으로써 자신의 존재를 부각시키려는 의도가 깔려 있다. 또 혹시나 그 문제를 해결하지 못할 경우에 대비해서 자신을 보호해야겠다는 의지도 작용할 것이다. 하지만 상대방은 문제의 심각성에 전혀 관심이 없기에 대부분 생각대로 되지 않는다. 과장하고 있는 자신만이 그 문제에 관심이 있을 뿐이다. 다른 사람들은 나의 곤란한 상황보다는 오직 문제의 해결과 성과에만 관심이 있다.

과장으로 인한 폐해는 여기에서 그치지 않고 이런 과장된 생각으로 인해 실제로 문제가 그렇게 큰 것으로 느껴질 수도 있다는 것이다. 심각한 문제라고 스스로 생각해버리면 그것을 해결할 의지도 약해진다. 행동하지 못하고 걱정만 하다가 시간을 다 보내고는 '어쩔 수 없었다'고 말하려는 우리는 얼마나 불쌍한 사람인가!

동료 한 명이 큰일 났다면서 도와줄 것을 청해 왔다. 방금 고객과 통화를 했는데 전화를 너무 불친절하고 성의 없이 받는다며 자기를 불친절 직원으로 신고하겠다고 으름장을 놓았다는 것이었다. 불친절 직원으로 낙인찍히면 어떻게 하나 걱정하던 그는 회사를 그만두어야 할지도 모른다는 두려움에 휩싸였다고 했다. '입사 이후 최고의 위기'를 만났다는 표현까지 썼다. 나는 큰소리치는 사람들은 보통 행동으로 옮기지 않기 때문에 으름장만 놓았을 뿐 실제로 신고하는 일은 드물며 설사 안 좋은 일이 생긴다고 하더라도 그때 가서 적절히 대응하면 된다는 말로 위로했다. 그러고도 마음이 안정이 되지 않았는지 다음날 휴가까지 내면서 최고의 위기를 피하고 싶어 했다. 하지만 그가 걱정하던 그 위기는 일어나지 않았고 그는 지금 아무 일 없었다는 듯이 회사를 잘 다니고 있다.

고객에게 불평을 듣는 일은 직장인들이면 누구나 당연히 받아들여야 하는 일상이다. 그 일상을 자연스럽게 받아들이도록 하는 것은 자신감인데, 문제를 과장해서 해석하다 보면 그 자신감이 떨어지는 경우가 많다. 자신의 과장된 생각으로 인해 손해 보는 것은 결국 자신이다.

나는 일을 하다가 어떤 문제에 봉착하면 이런 생각을 먼저 한다.

"해결되지 않는 문제란 없다."

문제가 있으면 반드시 해결책은 있게 마련이다. 세상에 해결책이 없는 문제가 있을까? 우리의 일은 지구를 향해 돌진해 오는 커다란 운석을 제거하거나 뜨거워지기만 하는 태양의 온도를 낮춰야 한다거나 남극의 빙하를 녹지 않도록 만들어야 하는 것이 아니다. 고작해야 사람을 만나서 설득하고 기안서를 작성하고 고객에게 물건을 사도록 유도하는 일 정도이다. 지구에 존재하는 생물들 중에서 내가 하고 있는 정도의 일을 하지 않는 것들은 없다. 그들은 자신들의 일을 아주 잘해내고 있으며 나 또한 그렇게 할 수 있고 그렇게 해왔다. 별것 아니라고 긍정적으로 생각하고 덤벼들 때 문제를 극복할 수 있는 힘이 생긴다는 사실을 믿으며 살고 있다.

갑자기 닥친 일이 버겁고 어려울 때 그것이 정말로 해결하기 어려운 일인지 조용히 생각해보자. 또한 책에서 배울 수 있는 것을 넘어서 보다 실제적인 것들을 배우기 위해서는 실수를 저지르고 난관에 봉착하고 고객의 비난을 듣고 물웅덩이에 빠지는 일을 반복하면서도 다시 시도해야만 한다. 문제해결 과정이야말로 우리가 배울 수 있는 최고의 기회이다.

혼자만 힘들게 사는 것처럼 느껴질 때

- 평생 동안 밥벌이를 해야 한다는 것이 지긋지긋하게 생각된다.
- 최근에 동기들이 승진했거나 사업에 성공했다는 말을 자주 들었다.
- 팀장에게 야단을 맞거나 업무상 실수를 해서 자괴감이 든다.
- 요즘 들어 자주 내 능력의 한계를 실감하곤 한다.

Solution!

1. 쉽게 돈 번 이야기는 귀에 잘 들린다

누구는 주식을 해서 쉽게 돈을 벌고, 누구는 시집을 잘 가서 편하게 먹고살고, 누구는 좋은 직장을 구해서 고액 연봉을 받으며 잘 나간다는 이야기는 유독 귀에 잘 들어온다. 그리고 잘 잊혀지지 않는다. 그런 이야기들이 자주 들리는 이유는 사람들이 쉽게 돈을 번 이야기를 좋아하기 때문이다. 반대로 힘들게 노력해서 성공했다는 이야기들은 말하기를 꺼려한다. 성실히 노력하는 사람들의 이야기는 그들을 치켜세우는 것 같아 자신에게 손해가 되는 기분이 들게 할 뿐만 아니라, 자신도 그렇게 노력하면 된다는 사실을 인정하기가 싫은 것이다. 하면 된다는 것은 알지만 행동하기는 싫어한다. 그래서 우리는 다른 사람들의 이야기를 들으면서 쉽게 사는 인생들이 너무나 많다고 생각하게 된다.

2. 순간을 보지 말고 전체를 보자

주식을 해서 큰돈을 벌어도 언젠가는 잃게 된다. 한번 재미를 본 사람들은 계속하게 되고 언젠가 실패가 찾아올 것이다. 주식해서 성공했다는 사람과 실패했다는 사람은 결국 같은 사람이다. 단지 성공이 어제였고 실패가 오늘일 뿐이다. 좋은 곳에 시집가서 편하게 잘 먹고사는 사람과 이혼해서 카페 개업한다는 사람 또한 같은 사람이다. 과거의 그녀와 오늘의 그녀의 차이뿐이다. 고액 연봉자와 명퇴 후 통닭집을 개업하는 사람도 같은 사람이다. 10년 전과 지금의 차이일 뿐. 순간의 성공만 바라보고 부러워할 것이 아니라 그의 삶 전체를 보고 난 다음에 부러워하든지 말든지 해야 할 것이다.

3. 사람은 누구나 힘들게 살아간다

세상에 쉬운 인생은 없다. 누구나 자기 자리에서 위태위태하게 견디고 있다. 단지 그 자리가 위태롭다는 사실을 인식하는 정도가 다를 뿐이다. 자신의 입장에서 사람들은 누구나 힘들게 살아가고 있는 것이다. 아무런 어려움 없이 살아가는 것처럼 보이는 사람과 한 시간만 이야기해보자. 그의 인생 역정에 눈물이 날지도 모른다.

혼자만 힘들게 사는 것처럼 느껴질 때
1. 쉽게 돈 번 이야기는 귀에 잘 들린다
2. 순간을 보지 말고 전체를 보자
3. 사람은 누구나 힘들게 살아간다

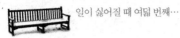

몰입하라, 행복해질 것이다

신발장수가 있었다. 그는 이른 아침부터 저녁까지 헌 구두를 깁거나 수선해서 돈을 벌었다. 그는 일을 하면서 하루 종일 노래를 흥얼거렸고 입가에서 웃음이 가시지 않았다.

사람들이 물었다.

"무엇이 좋아서 그렇게 웃으며 노래를 흥얼거리시나요?"

"그냥 좋아서요. 항상 행복하답니다."

어느 날 가까이 사는 큰 부자가 기분 좋게 일하고 있는 그를 발견하고는 그를 자기 집으로 초대했다. 부자는 기쁜 일도 없고 그렇다고 슬픈 일도 없었는데 웃음도 나지 않고 밤에 잠도 잘 오지 않았기 때문에 그가 신기해 보였던 것이다.

부자가 물었다.

"당신은 무엇 때문에 그렇게 즐겁습니까?"

"그냥 하는 일이 재미있고 사는 게 즐거워서요."

"당신은 하루에 돈을 얼마나 법니까?"

"글쎄요? 잘 모르겠습니다. 그래도 먹고살 수 있을 만큼은 될 겁니다."

부자는 욕심 없이 사는 신발장수가 좋아졌다. 그래서 그에게 제법 큰돈을 주고는 살림에 보태어 쓰라고 했다.

"고맙습니다. 부자님."

신발장수는 큰돈을 가지고 집으로 돌아왔다. 그리고는 그것을 도둑 맞을지 몰라 뒷마당 깊은 곳에 파묻어놓았다. 그때부터 자나 깨나 그 돈 생각만 하게 되었다.

그날 이후 신발장수의 얼굴에는 웃음이 사라졌고 노랫소리도 나오지 않았다.

우리는 일이 잘된다는 말을 돈이 잘 벌린다는 말로 이해하고 있다. 그리고 일이 잘되는 듯하면 웃음꽃이 피고 사는 것도 재미있어진다. 돈벌이가 재미있어지는 것이다. 그런 사람의 인생도 괜찮다. 돈 버는 재미가 인생을 재미있게 해주기 때문이다. 그러나 돈 버는 것을 넘어서 그 돈의 크기를 재기 시작했다면 문제가 발생할 수 있다. 지금까지 얼마를 모았으니 앞으로는 얼마를 더 모아야겠다, 한 달에 이백만

원을 벌었으니 이제 삼백만 원을 벌어야 한다는 식으로 돈에 집착하기 시작할 때 괜찮은 인생에 걱정거리와 불만이 싹트기 시작하는 것이다.

돈뿐만 아니라 일 또한 그렇다. 일 자체를 즐기려고 다양한 시도를 하는 사람들에게 일은 자신의 가치를 보여준다. 반면에 일 뒤에 숨어 있는 결과에 지나치게 집착해서 보다 높은 결과만을 추구할 경우 일은 수단으로 전락하고 그것을 즐기지 못하게 된다. 그 결과 인생은 재미없어진다.

강의를 하는 것으로 먹고사는 사람에게 강의료는 중요한 의미를 갖는다. 그러나 강의료보다 더 중요한 것은 바로 강의를 통해서 자기 자신을 실현하는 일이다. 강의를 통해 자기 자신을 실현하지 못하는 사람을 청중들이 좋아할 리 없다. 청중들은 진실한 말과 입에 발린 말을 구별할 능력이 있다. 짧은 순간은 사람들을 속일 수 있을지 모른다. 그러나 장기적으로 사람들을 속이는 것은 불가능하다. 사람들 앞에서 들통이 나기 전에 아마 자기 자신을 속이며 살아왔다는 불쾌감 때문에 무너질 것이다.

자신의 삶에 근거한 살아 있는 이야기를 하는 사람은 좋은 강사다. 그는 자신의 삶으로 이야기하는 사람이고 청중들은 그의 말을 행동의 힘으로 받아들일 것이 분명하다. 그런 강사에게 강의료는 중요하지 않다. 강의를 통해 자신을 실현하고 있기 때문에 강의료는 자연스럽게 따라오는 부산물일 뿐이다. 강의가 목적이라면 강의료는 삶을 유지하도록 하는 수단인 것이다.

그러나 우리는 수단을 목적으로 생각하며 사는 것에 너무나 익숙하다. 보람 있는 삶을 영위하기 위해서 밥을 먹어야 하는데, 밥을 먹기 위해서 자신의 일을 수단으로 사용하고 있다. 더 좋은 밥상을 얻기 위해서 우리 인생에서 진정으로 중요한 자신을 실현할 수단들을 학대하고 있다. 결과는 또 다른 높은 결과를 요구한다. 돈은 더 많은 돈을 요구한다. 그것을 다 채우려면 끝이 없다. 결과가 목표가 되어서는 안 된다.

에리히 프롬은 이렇게 말했다.

"존재의 양식에 있어서 최적의 지식은 더 깊이 아는 것이다. 그러나 소유의 양식에 있어서는 더 많은 지식을 소유하는 것이다. 지식은 도그마의 성질을 띠어서는 안 된다. 우리를 노예로 만들기 때문이다."

돈과 같은 수단들이 목표가 되는 듯한 기분이 들 때 자신을 지켜내는 좋은 방법 중 하나는 바로 몰입하는 것이다. 환경적인 제약조건들을 배제한 채 지금의 일, 그 순간에 몰입하는 것이다.

'어떻게 하면 이것을 사람들이 좀더 이해하기 쉽게 만들 수 있을까?'

'내가 가진 지식들을 이 작업에 적용하는 가장 효과적인 방법은 무엇일까?'

'다른 사람들이 실패한 이유는 무엇이며 그것을 뛰어넘기 위해서는 무엇을 해야 할까?'

'내가 만일 고객이라면 어떤 식으로 이것을 받아들일까?'

이런 질문들을 스스로에게 던지면서 자신과 대화를 하다 보면 자연스럽게 그 순간에 몰입하게 된다. 그때 우리는 자신의 일에서 행복해질 수 있다고 믿는다. 그 순간은 우리가 행복한지 그렇지 않은지를 느낄 수 없을 것이다. 그러나 그런 몰입의 순간이 지나고 잠시 자신이 했던 일들을 지켜볼 기회가 생기면 입가에는 작은 미소 하나가 머물러 내 삶을 빛내주리라.

가진 게 없는 내 모습이 슬플 때

- 친구들에게 술 한 잔 사겠다는 말을 해놓고 주머니 사정으로 미룬 지 오래다.
- 아이들은 커가는데 모아놓은 돈이나 제대로 된 집 한 칸 마련하지 못한 자신이 초라해진다.
- 제사나 벌초 같은 집안 행사에 참여하지 못한 지 오래다. 그런 곳에는 잘난 사람들만 가는 것 같고, 친척들이 '뭐하고 사니?'라고 물어볼 게 두렵다.

Solution!

1. 반대의 경우를 생각해보자

세상에는 가진 게 많으면서도 불행한 사람들이 많다. 가진 것의 소중함을 모르기 때문이다. 또한 많은 것을 가졌음에도 그것을 사용할 시간이 부족하거나 같이 나눌 친구가 없는 경우도 많다. 가진 것을 함께 사용할 사람이 없다면 가졌다는 것이 무슨 소용이 있을까?

2. 다른 사람들도 자신이 불행하다고 생각한다

일류대학을 나오고, 여러 개의 자격증이 있으며, 영어를 원어민처럼 구사하고, 환상적인 몸매와 얼굴인데도 자신이 불행하다고 생각하는 사람들이 있다. 그렇게 많은 것을 가졌음에도 불구하고 성공과 행복이 그의 것이 아닌 이유는 현재의 자신을 사랑할 줄 모르기 때문이다. 이미 가진 것들을 즐기지 못하고 항상 더, 더 많은 것들만을 추구한 결과 만족에 대한 감각을 상실한 것이다. 가진 사람이든 못 가진 사람이든 모두 자신이 약간은 불행하다고 생각하는 것은 마찬가지다.

3. 행복은 욕심을 통제할 수 있을 때 찾아온다

언제나 그렇지만 욕심이 너무 많은 사람은 성공할 수 없다. 만족하지 못하는 것은 성공이 아니기 때문이다. 욕심은 번뇌를 가져온다. 남보다 많이 가져야 하고 남들과 경쟁해서 꼭 이겨야 하며 심지어 모든 것을 자신이 독차지해야 한다는 욕심이야말로 우리 삶의 고통을 가져오는 원인이다. 스스로 그 욕심을 조절할 수 있을 때 우리는 만족을 알고 행복도 알게 될 것이다.

4. 돈이 없으면 마음이라도 갖자

친구들과 만나서 술 한 잔 살 수 있는 여유가 없다면 불행한 일이다. 그러나 더 불행한 것은 주머니에 돈을 넣어두고도 친구들에게 술 한 잔 사겠다는 말을 못하는 사람이다. 돈은 없지만 마음이 있다면 친구들은 알아줄 것이다. 그것이 진정한 친구가 아닌가. 상대방이 돈이 있다는 이유로 나를 만나고 있다면 나는 진정으로 불행한 사람일 것이다. 나의 양심과 도덕성과 인격의 풍성함이 아닌 돈을 보고 친구들이 몰려오는 모습을 나는 참을 수 없다.

가진 게 없는 내 모습이 슬플 때

1. 반대의 경우를 생각해보자

2. 다른 사람들도 자신이 불행하다고 생각한다

3. 행복은 욕심을 통제할 수 있을 때 찾아온다

4. 돈이 없으면 마음이라도 갖자

가족을 바라보자

선량한 인품을 가진 부부가 이혼을 했다. 남편은 곧 재혼을 했지만 악한 아내를 얻어서 그는 새 아내와 똑같이 악한 사람이 되고 말았다. 아내도 곧 재혼을 했는데 역시 악한 남편을 만났다. 그러나 그 새남편은 곧 아내와 같은 선량한 사람이 되었다.

탈무드에 나오는 여성의 힘에 대한 일화이다.

이 땅의 가장들은 어깨가 무겁다. 가족의 생계가 오직 자신의 어깨에 달려 있다는 사실만으로도 충분히 버겁다. 때문에 생계를 충분히 유지할 수 있는 상황에서도 혹시나 모를 미래의 추락에 대비해서 긴장의 고삐를 늦추지 않는다.

가끔은 어깨가 무겁다는 이유를 내걸고 방황하거나 지친 척 해보기도 하지만 곧 다시 일어설 수밖에 없다. 자기가 오랫동안 슬럼프에 빠져 있을 수 없다는 사실을 알고 있기 때문이다. 이 시대의 가장들은 이래저래 불쌍한 사람들이다.

그래서인지 우리는 그의 일이 잘되면 웃고 위기에 처하면 운다. 하지만 불행히도 일이라는 것이 항상 잘될 수는 없는 법이어서 교착상태에 빠지거나 실직이라는 암초에 걸리기라도 하면 큰일이 난다. 가정에 절망과 고통의 그림자가 드리운다. 가장들은 이런 그림자와 평생을 싸워야 하는 운명에 처해져 있다.

최인호 씨의 책 《사랑아 나는 통곡한다》의 서문에 이런 글이 있다.

사랑아, 나는 통곡한다
나는 통곡하며 살고 싶다
나는 대충대충
생활도 대충대충
만남도 대충대충
일도 대충대충 그렇게 살고 싶지 않다
나는 모든 일에 통곡하는 그런 열정을 지니고 살고 싶다
어찌 사랑뿐이겠는가
나는 친구도 통곡하며 사귀고 싶고
꽃 한 송이도 통곡하며 보고 싶다
내 아들딸들의 통곡하는 아버지이고 싶고

아내와도 늙어 죽을 때까지 통곡하며 살고 싶다
하느님도 통곡하며 믿고 싶고
죄도 통곡하며 짓고 싶다

어떤 이들은 그의 통곡하며 살겠다는 열정을 높이 사는 것 같다. 하지만 나는 통곡하지 않으면 제대로 살 수 없는 기막힌 현실을 들여다보았다. 치열하게 세상을 살아가다 보면 세상의 치열함에 치가 떨리는 날이 있게 마련이 아닌가. 그런 날은 그의 통곡이 열정의 통곡이 아니라 회한과 오열의 분출로 보일 것이다. 항상 치열하게 세상을 살아가야 하는 이 땅의 가장들에게 통곡은 필수과목이 아닐까 싶다.

가족들의 생계를 유지해야 한다는 부담감으로 인해 우리 시대의 가장들은 가정을 자신의 어깨를 짓누르는 부담스러운 존재로 생각하는 경향이 있다. 그러나 가정이 존재하고 있다는 것만으로도 가장은 쓰러지지 않고 오늘을 밀고 나가고 있음을 기억해야 한다. 가족들이 그가 존재한다는 것만으로도 자신의 자리를 굳건히 지키고 있듯이 말이다.

그런 의미에서 가족은 우리에게 의무감을 주는 곳이기도 하지만 그 의무감으로 인해 우리가 발전하고 가치 있는 삶을 살 수 있도록 돕는다고 생각한다. 의무감은 부담이기도 하지만 우리의 정신을 올바른 상태로 곧추세울 수 있도록 하는 중요한 요소임이 분명하다. 가족의 존재가 부담스럽거나, 하고 있는 일이 잘 진행되지 않거나, 가족 간의 불화로 삶의 열기가 식어가는 상황에 처해 있다면 가족의 존재 자체에 대해 생각해보라.

　가족은 우리 존재의 거처가 아닌가. 그들이 없다면 우리는 벌써 허물어졌을지도 모르는 일이다. 경찰관인 내 친구는 밤새 취객들과 씨름하고 나서 남들이 출근하는 시간에 집으로 퇴근해야 하는 경우가 많다. 그럴 때면 자신의 일에 회의가 들 때가 한두 번이 아니지만 집으로 들어서는 순간 그 모든 회의가 눈 녹듯이 사라진다고 한다. 따뜻한 밥상을 준비하며 자신을 기다리고 있는 따뜻한 마음들이 그곳에 모여 있기 때문인 것이다.

　법정스님은 어느 법문에서 이런 말을 남겼다.

　"따뜻한 가정이 해체되고 그 자리에 썰렁한 빈 가옥만 남은 집안이 한두 집이 아닙니다. 훈김이 돌지 않는 가정은 마치 혼이 빠져나간 몸뚱이나 다름없습니다. 건전한 사회는 건전한 가정을 기반으로 이루어집니다. 가정이 해체되어가고 있다는 것은 사회가 붕괴되고 있다는 겁니다."

　회사 일에 성공했지만 가정 일에 실패한 사람은 실패한 사람이라고 했다. 성공했지만 돌아갈 곳이 없는 사람은 실패한 사람임이 분명하다. 가정은 우리가 삶이라는 여행을 출발하는 곳임과 동시에 돌아가야 할 귀착지라고 믿는다. 돌아가는 곳은 언제나 따뜻해야 하고 밝은 곳이어야 한다. 그 따뜻한 곳을 위해 뛰고 있는 이 땅의 가장들에게 삶의 에너지가 늘 충만했으면 하는 바람이다.

가족의 미래가 걱정될 때

- 내가 죽으면 아내와 아이들은 어떻게 살까 하는 고민을 하곤 한다.
- 종신보험이라도 몇 개 들어야지 싶지만 주머니 사정에 고개를 젓게 된다.
- 공부 못하는 첫째, 개성 강한 둘째, 철부지 막내... 아이들의 모습에서 희망보다는 걱정부터 발견한다.
- 어떻게 해서든 돈을 더 벌어야겠다는 결의를 다져보기는 하는데 별 뾰쪽한 방법은 생각나지 않고 답답하기만 하다.

1. 걱정을 나누자

가정에서 생계를 책임지고 있는 사람이건 아니건 가족의 미래에 대한 걱정은 크게 다를 것이 없다. 오히려 그런 걱정들은 가족간의 애정을 높이는 윤활유가 되기도 한다. 서로 돕고 이해해주지 않으면 미래는 어두울 것이다. 가족의 미래에 대해서는 그 구성원들이 공통된 비전을 갖고 서로 협력할 수 있도록 자주 이야기하는 것이 좋다. 3년 혹은 5년 후의 계획과 노후의 청사진들을 서로 이야기하면서 꿈을 키워나가는 것이다. 그런 과정을 통해서 부부는 서로의 마음을 확인할 수 있고 실질적인 계획을 알차게 꾸려 미래를 제대로 준비할 수도 있을 것이다. 또한 아이들에게도 어른들의 모습을 보면서 자신의 미래를 만들고 계획하는 방법을 연습하는 좋은 기회가 될 것이다.

2. 자신감을 갖자

우리의 밑천은 자신감이다. 자신감이 없는 사람은 가족을 부담스러워하지만 자신감이 넘치는 사람은 가족이 사랑스럽다. 자신감을 잃어서 가족들의 존재까지 부담스러워지는 어리석은 상황을 만들지 않아야 한다.

3. 장기적으로 생각하자

인생은 장기적인 싸움이다. 지금의 어려움은 당장 해결될 수 없다. 장기적으로 조금씩 나아지려고 하다 보면 어느새 문제는 해결되는 것이다.

가족의 미래가 걱정될 때

1. 걱정을 나누자 2. 자신감을 갖자 3. 장기적으로 생각하자

일이 싫어질 때 열 번째…

왜 열심히 해야 하는지를 생각하자

"하루에 여덟 시간씩 성실하게 일을 하다 보면 언젠가 보스가 되어 하루에 열두 시간씩 일을 하게 될지도 모른다."

로버트 프루스트의 말이다.

우리는 공적인 일과 사적인 일을 구분하는 데 익숙하다. 그리고 사적인 일보다는 공적인 일을 훨씬 중요하다고 생각하는 경향이 강하다.

남자들은 "남자가 밖에 나가서 일하다 보면 늦을 수도 있고 집안일에 신경을 못 쓸 수도 있지"라는 말을 자주 한다. 이 말은 가정의 일보다는 직장이나 바깥에서의 일을 더 중요시하고 있다는 뜻이다. 이런 말을 들은 아내들도 웬만큼 큰일이 아니라면 변명을 받아들인다.

공과 사를 엄격히 구분하고 가정보다는 직장 일이 더 중요한 것으로 여겨지는 것은 먹고사는 문제, 즉 월급과 직접적으로 연관되어 있기 때문일 것이다. 그래서 밤늦게까지 야근을 하거나 장기출장을 가야 하는 상황도 회사 일이라는 이유만으로 묵묵히 받아들이게 된다. 아마도 밤늦게까지 아이를 혼자 보라고 하거나 하루 종일 집안 청소라도 해야 하는 상황이라면 남자들은 온갖 핑계를 대고 밖으로 나가려 할 것이 분명하다. 회사 일에 대한 애착 때문이라기보다는 직장을 잃을지도 모른다는 두려움과 좀더 성공하고 싶다는 욕구 때문에 회사 일에 대한 부담을 묵묵히 받아들이는 것이다.

특히 직장인들은 피라미드 조직이라는 환경 때문에 경쟁에 익숙해진다. 입사 초기에 친하게 지내던 동기들도 1년만 지나면 승진을 위해 자리 하나를 놓고 경쟁해야 하는 경우가 허다하다. 보다 높은 자리를 차지해서 월급도 많이 받고 많은 부하 직원을 거느리면서 권한과 명예를 누릴 수 있기 때문에 우리는 이런 경쟁을 큰 거부감 없이 받아들인다.

게다가 동료가 나보다 먼저 승진하는 모습을 지켜보아야만 한다는 사실을 견디지 못하는 속 좁음도 한몫을 한다. 결국 직장인들은 승진을 했느냐 못했느냐의 결과를 놓고 울기도 하고 웃기도 한다.

사람들은 승진할수록 권한도 많아지고 책임이나 해야 할 일은 적어진다고 믿는다. 그러나 피라미드 조직에서 위로 올라갈수록 권한은 오히려 줄어든다. 부하의 눈치, 동료들의 질투, 상사의 견제를 받아야 할 뿐만 아니라 권한을 행사하는 일과 관련된 외부인들의 통제까지 받게 되는 것이다. 이렇게 되면 권한은 있지만 자기 뜻에 따라 결정할 수 있는 부분이 거의 없어지고 오히려 부하들의 의견에 의존하게 되는 경향이 강해진다. 그들은 '여론'이기 때문이다. 요즘처럼 개방과 참여를 권장하는 분위기에서는 상사보다 부하들의 말이 더 큰 힘을 가지는 경우가 많다.

또 승진하면 할수록 권한은 적어지는 대신 책임질 일의 양은 늘어난다. 심지어는 커피 자판기에 동전이 부족한 일이나 자신과 관계없이 회사 내에 떠도는 유언비어들, 금연 건물이라 담배 피울 곳이 없다며 투덜거리는 부하 직원들의 불만까지 모두 책임져야만 한다. 근무환경을 제대로 조성해놓지 못했다는 이유 때문에.

이런 이유로 인해 우리의 생각과는 달리 회사에서 승진할수록 권한의 행사는 제한되고 책임량은 늘어나기 때문에 실제 신경 써야 할 부분이 많아져서 스트레스에 시달려야 한다. 승진하면서 늘어나는 것은 연봉 총액뿐이다. 하지만 그것마저도 주위에서 벌려대는 손들 때문에 이리저리 떼어주고 나면 남는 게 별로 없는 경우가 허다하다.

프루스트의 말처럼 하루를 열심히 일해서 승진하면 오히려 일의 양이 많아져서 8시간 하던 일이 12시간으로 늘어날지도 모른다. 그때에도 보스 자리를 놓치고 싶지 않기 때문에 더 열심히 일해야 할 것이고, 여전히 우리의 가정일과 세상을 살면서 찾아야 할 내 자신의 자아에 대한 성장들은 등한시될 것이 분명하다. 승진을 위해 이를 악물고 일을 해보지만 일의 양은 늘어만 가고 인생에서 정말로 중요한 가족들과 자아실현의 문제는 다음으로 미루어지기만 한다.

악순환을 끊는 방법은 지금 당장 일손을 놓고 무엇이 더 중요한지 점검할 시간을 갖는 것뿐이다.

평생을 연구라는 '일'에만 몰입했던 에디슨도 이런 말을 남겼다.

"내가 80세가 되기까지 원기 왕성하게 하루도 쉬지 않고 연구를 계속할 수 있는 비결이란 다른 것이 아니다. 나는 쓸데없는 일로 나를 피로하게 만들지 않았을 따름이다. 앉을 수 있는 곳에서는 앉고, 누울 수 있는 곳에서는 누워서 몸을 쉬었다. 쓸데없이 몸을 일으키거나 서 있지 않았다."

아마도 그는 언제 일하고 언제 쉬어야 하며, 어떤 일은 집중적으로 하고 어떤 일은 무시하고 넘어가야 할지를 분명히 알고 있었던 모양이다. 사람은 일하기 위해서 태어난 것이 아니라 자기 나름의 가치를 실현하기 위해서 이 땅에 왔으며 일은 그 가치를 실현하는 하나의 방법일 뿐일 것이다. 더 이상 내 인생에서 일이 주인공이 되지 않도록 하기 위해 지금 잠시 일손을 놓는 것이 현명하지 않을까?

이제 열심히 일하는 것이 중요하지는 않다. 무엇 때문에 열심인지가 더 중요하다. 도스토예프스키는 이렇게 말했다.

"하느님께서 벌을 내리실 때는 우선 그 사람의 지혜부터 빼앗는다."

일이 많은데 놀고 싶을 때

- 사소하게 느껴지는 일들이 조금씩 밀린다.
- 밀린 일이 보기 싫어서 피하고 놀게 된다.
- 일을 해결하기가 불가능한 것처럼 보여 포기하고 만다.

 Solution!

1. 사소한 일은 빨리 해치우자

사소한 일이라도 밀리기 시작하면 걷잡을 수 없다. 사소한 일일수록 그때그때 해두는 것이 좋다. 그러면 보다 중요한 일을 할 수 있는 시간과 에너지를 축적할 수 있다.

2. 자신을 증명할 수 있는 기회라고 생각하자

이상하게도 일이 많으면 놀고 싶어진다. 일이 적으면 불안해지고 놀고 싶은 마음이 사라진다. 왜 그럴까? 보상심리 때문일 것이다. 일이 많을 때는 이렇게 많은 일을 하고 있으니 좀 쉬어줘야 되는 것 아니냐는 생각이 들고, 일이 적으면 먹고살아야 하는 상황이 절박해짐에 따라 놀고 싶은 마음이 사라지는 것이다. 어찌 보면 당연한 것 같다.

하지만 일이 많을 때는 스스로를 증명할 수 있는 기회가 된다. 많은 일을 능숙하게 해치울 수 있다면 다른 사람들의 신망은 물론이고 자신에 대한 믿음도 강해질 것이다. 일은 많은데 놀고 싶은 생각이 든다면 지금이 나를 증명할 기회라는 사실을 기억하도록 하자.

3. 적당한 수준까지는 밀고 나가자

자신이 일을 제대로 마무리하고 마쳤을 때 스스로에게 보상의 시간을 주는 것은 좋은 일일 것이다. 하지만 제대로 일을 하지도 않은 상황에서 보상 시간을 주는 것은 위험하다. 일이라는 것은 관성의 법칙이 작용하기 때문에 일정수준에 도달해서 성과를 낼 때까지 밀고 나가지 않으면 처음으로 되돌아가는 습성이 있다. 물론 그것은 그 일을 하는 사람들의 마음이 그렇기 때문이다.

그래서 우리는 적정한 수준의 성과가 오를 때까지 일을 밀고 나갈 필요가 있다. 놀고 싶다고 놀아버리면 다시 일을 시작할 때 어려움이 배가 된다. 이런 정도의 이해는 일을 해본 사람들은 누구나 느끼는 것이지만 행동으로 옮기는 것이 쉽지 않다. 그만큼 놀고 싶은 유혹이 강하기 때문이다. 하지만 그 유혹을 이겨낸 사람들은 알고 있다. 그 유혹을 이기고 성과를 남기는 것이 놀고 싶을 때 노는 것보다 훨씬 '재미있다'는 사실을.

일은 많은데 놀고 싶을 때
1. 사소한 일은 빨리 해치우자
2. 자신을 증명할 수 있는 기회라고 생각하자
3. 적당한 수준까지는 밀고 나가자

일에서 자신을 찾자

어머니는 호떡을 구워 팔아서 5남매를 키우셨다. 초등학생이었던 나는 학교를 마치자마자 어머니가 계시는 포장마차로 달려가서는 옆에 쪼그리고 앉아 점심 대신 호떡을 몇 개씩이나 먹어치우곤 했다. 지금 생각해보면 그때만큼 어려운 시절이 없었던 것 같다. 단칸방에 네 식구가 자야 했고 도시락 반찬으로 몇 년을 김치만 싸 가야 했던 시절이었다.

그렇지만 먹고사는 일이 급해서 다른 고민을 할 틈이 없었다고 해도 웰빙이라는 말로 대표되는 현대사회보다는 정신적으로 오히려 더 풍요로웠다. 콩 한쪽도 나누어 먹을 줄 알았고 사람으로서의 도리도 묵묵히 지켜냈던 시대였다. 어머니는 호떡은 없는 사람들이 주로 먹는 음식이기 때문에 속을 넉넉히 넣어야 한다고 말씀하시곤 했다.

그에 비해 현재의 우리는 지나친 풍요로 인해 정신적인 여유를 상실하고 인간적인 도리들을 차츰 잃어가고 있다. 힘들지만 자신의 일을 천직으로 알고 그 속에서 재미와 가치를 찾아냈던 우리의 아버지, 어머니들. 그 일이 비록 지게를 지고 연탄을 나르는 일일지라도 따뜻한 아랫목에서 몸을 녹이는 사람들을 생각하며 이마의 땀을 흔쾌히 받아들였던 분들. 일에서 자기 자신을 찾은 분들이 아니었나 싶다.

중학교 때 가장 하기 싫은 일이 주번이었다. 주번이 되면 아침에 주전자에 물을 떠놓고 교실을 정돈하고 수업시간마다 칠판을 지우고 지우개를 털어야 했다. 학급의 소소한 일들을 맡아서 해야 하는데 여간 신경 쓰이는 것이 아니어서 모두들 주번을 피해 가려고 애를 썼다.

분필을 신문지나 껌종이로 싸서 가루가 손에 묻지 않도록 하는 일도 주번의 주요 임무였다. 시간마다 2~3개씩 정도 쓰이니까 하루 수업이 10시간이라면 20~30개의 분필을 종이로 말아야 했다. 충분할 만큼 해놓았어도 떨어지기 일쑤여서 선생님께 핀잔을 듣곤 했다.

그러던 어느 날 수학 선생님이 결근을 하시는 바람에 다른 학년을 가르치는 수학 선생님이 대신 들어오셨다. 그 선생님은 수요일 오후마다 선생님들끼리 체육행사를 하곤 했는데 그때 가끔 볼 수 있었던 '빛나리' 선생님이었다. 뚱뚱하고 머리카락은 드물었지만 배구실력은 뛰어나셨다.

대타로 수업에 들어오면 대부분의 선생님들은 이런 저런 농담 따먹기로 시간을 때우거나 아이들이 좋아하는 자율학습을 시키는 것이 보

통이었는데 그 선생님은 달랐다. 정규 수업의 과정을 따라서 진도를
나갔던 것이다.

그렇게 한참 수업을 진행하다가 분필을 감싸고 있는 종이를 돌려
찢으셨다. 종이로 말려 있는 부분까지 분필을 다 써버렸던 것이다. 그
리고는 이런 말을 던지셨다.

"내 수업시간에는 이런 거 하지 마."

그 뒤의 말은 혼잣말처럼 작게 했기 때문에 다른 아이들은 알아듣
지 못했을 것이다. 키가 작아서 앞에 앉아 있었던 나는 분명히 들었다.

"글 가르치는 선생이 손에 분필가루 묻히는 건 당연한 거야."

나는 잠시 가치관의 혼란을 겪었다. 그리고는 금세 새로운 생각으
로 물들었다.

그래, 그건 당연한 것이었다. 학생을 가르치는 사람의 손에는 분필
가루가 묻어 있어야 정상인 것이다. 오히려 분필가루가 묻지 않은 손
이 이상한 것 아닌가! 마땅히 학생을 가르치는 사람은 손에 묻은 분필
가루를 보며 뿌듯함을 느껴야 하는 것 아닌가!

그때의 깨달음이 아직 마음속에 남아 있어서인지 가끔 이런 질문들
을 나 자신에게 던져보곤 한다.

'내가 하고 있는 일의 냄새가 내 손에 배어 있을까? 글을 쓰는 나는
잉크가 묻어 있거나 냄새라도 배어 있어야 하는 것 아닐까?'

수리공은 기름 냄새가, 출판업자는 종이 냄새가, 농사꾼의 손에서
는 흙 냄새가 나는 것은 당연할 것이다. 그리고 그 당연한 냄새를 자랑
스러워해야 할 것이다. 그렇지도 않다면 직업의식 없이 그저 어쩔 수

없어서 하고 있는 게 아닐까. 희망도 없이 원하지도 않는 일을 하는 불행한 삶을 살고 싶지는 않다.

지금 손을 들어 냄새는 맡아본다. 내 손에 잉크 냄새가 나는 걸까? 나는 그 잉크 냄새를 자랑스러워할 수 있을까?

사진작가 최민식 씨의 홈페이지에는 "사진은 나를 찾아주었다"는 글이 있다. 세상을 살면서 우리는 정체성의 빈곤에 시달린다. 다양한 직업이 있지만 자신이 좋아서 일을 하고 있다고 말하는 사람들은 찾아보기 힘들고, 조금만 어려운 난관에 봉착해도 포기하고 다른 일을 찾으려는 사람들로 가득 차 있다. 오직 돈 되는 일만이 직업의 기준이 되어버렸다. 이런 세상에서 일이 자기를 찾아주는 수단이 될 수 있다는 기대는 무척이나 어리석은 생각일지도 모른다.

그러나 최민식 씨는 자신의 일에서 자신을 찾았다고 말한다. 세상을 읽는 사진이라는 통로를 통해 자신의 정체성을 발견한 것이다. 그 통로는 이제 통로가 아니라 자기 자신이 된 셈이다. 카메라 렌즈를 통해서 바라보는 세상에 대한 따뜻함이 바로 그를 한 인간으로 만들었음을 지켜보는 우리는 어떤 마음이어야 할까? 우리는 지금의 일이 나를 찾아주었다고 말할 수 있을까?

"너희들이 세계라고 불러온 것, 그것을 너희들은 먼저 창조해야 하리라."

니체의 말처럼 우리는 일과 가치와 세계를 스스로 창조해야만 한다. 그것이 힘이다.

지금 하고 있는 일이 싫어질 때

- 좋은 일이 어디 없나 싶어서 다른 곳을 기웃거린다.
- 주변 사람과 어울리기 싫어지고 동료들과 대화를 하는 것이 자신에게 도움이 되지 않는 것 같다.
- 회사의 정책과 비전이 자신의 발전에 전혀 도움이 되지 않는 것처럼 느껴진다.

Solution!

1. 자신의 일을 새롭게 볼 수 있는 계기로 삼자

자신의 모든 것을 던져서 인생을 일굴 수 있는 일을 찾지 못한 것은 슬픈 일이다. 대부분의 사람들이 그런 일을 찾지 못한 채 세상을 마감하는 것은 더욱 슬픈 일이다. 하지만 대부분의 사람들이 그렇다고 해서 나 또한 그래야 할 이유는 없다. 다른 사람들은 슬프도록 놔두고 나 자신의 당당한 삶을 기쁘게 살아야 한다. 그것이 우리가 이 세상에 태어난 이유가 아닌가.

영화 〈슈퍼맨〉에서 그의 지구 아버지 조나단은 다른 사람들은 상상할 수도 없는 능력을 가졌지만 그것을 함부로 보여줄 수 없어 힘들어하는 슈퍼맨에게 이런 말을 들려준다.

"얘야, 터치다운이나 하라고 네가 이 세상에 온 것은 아니란다."

터치다운은 다른 사람들이나 하게 놔두고 너는 이 세상을 구하는 보다 중요하고 큰일을 하라는 의미였다. 그 말이 슈퍼맨에게 감동을 주었음은 물론이다.

누구에게나 슈퍼맨처럼 자기 자신만의 소명이 주어져 있다. 그것을 찾기 위해서 잠시 지금의 일을 하고 있을 뿐이다. 자신의 일을 하면서 주위를 잘 살피다 보면 뭔가 끌리는 것들이 나타나게 마련이다. 그런 끌림의 기회는 지금 자신의 일에 관심을 가진 사람에게만 찾아온다.

2. 최소한 2년은 밀어붙이자

다른 일로 옮겨간다고 해도 일에 대한 태도가 바뀌지 않으면 아무런 소용이 없다. 지금의 일을 잘할 수 있을 때 다른 일도 잘할 수 있다는 마음으로 최소한 2년은 열심히 밀어붙일 수 있어야 한다.

3. 일은 자신에게로 가는 길이다

"한 사람 한 사람의 삶은 자기 자신에게로 이르는 길이다. 길의 추구, 오솔길의 암시다. 일찍이 그 어떤 사람도 완전히 자기 자신이 되어본 적은 없었다. 그럼에도 누구나 자기 자신이 되려고 노력한다."

헤르만 헤세의 《데미안》에 나오는 구절이다. 나는 내가 하고 있는 일을 통해서 나를 만들어가며 발전하고 결국 나 자신에게로 가는 길이 될 수 있다고 믿는다. 나에게 일은 길인 것이다.

지금 하고 있는 일이 싫어질 때

1. 자신의 일을 새롭게 볼 수 있는 계기로 삼자

2. 최소한 2년은 밀어붙이자

3. 일은 자신에게로 가는 길이다

선택의
순간에
나를 돕는
인생의 참고서

3부

열정이
식을 때

Crisis and Solution

열정이 식을 때

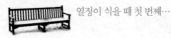

책에서 에너지를 찾자

"이 책은 완전히 실패작이야. 이런 책을 만들어내는 사람들은 도대체 어떤 사람들이야?"

한 친구가 흥분해서 물었다. 요지는 뻔히 아는 내용들을 적어놓은 책이 너무도 실망스럽다는 것이었다. 그 책은 예전에 나도 읽은 적이 있었는데, 깊은 지식을 전달하는 책이 아니라 세상을 보는 방법과 긍정적인 삶을 살도록 유도하는 내용으로, 무척이나 사람의 마음을 고무시키는 내용으로 가득 차 있었다.

"너 혹시 책에서 지식만 얻으려고 했던 건 아니야?"

"응? 책에서 지식을 얻지 그럼 뭘 얻어?"

"책에는 지식만 있는 것이 아니라 그 외의 다른 것들도 많이 있어. 지식은 그것들 중의 단지 일부일 뿐이야."

"그런가?"

책에서 지식만 얻으려는 사람들이 많다. 그러나 책에서 얻을 수 있는 지식과 기술에 관한 내용은 우리가 얻을 수 있는 것들의 일부일 뿐이다. 책은 지식뿐만 아니라 삶의 열정과 에너지까지도 전해준다. 지식만 얻어내서는 책의 의미를 제대로 파악하지 못함은 물론 오랫동안 자신을 관리해나갈 수 있는 훌륭한 친구 하나를 잃어버리는 것과 마찬가지다.

학창시절을 생각해보면 왜 그렇게 공부가 하기 싫었던가 싶다. 그 당시의 공부는 지식을 얻기 위한 것이었기 때문에 오직 무엇인가를 알아간다는 즐거움 이외에는 다른 기쁨이 별로 없었다. 살아가는 일의 따뜻함이나 무엇인가를 하기 위해 필요한 에너지를 얻어내는 공부는 하지 못한 것이다.

우리가 지금 하고 있는 일 또한 마찬가지가 아닐까 싶다. 일을 의무적으로 치러야 할 일과로 여기고 경제적인 대가만 생각해서는 일 속에 숨어 있는 재미와 열정을 발견해낼 수 없다. 일을 하면서 에너지와 지혜를 얻을 수 있다면 우리 생활은 보다 윤택하고 의미 있는 것이 되리라 믿는다. 그리고 그 과정에서 책은 지식과 열정과 가치관을 형성하도록 돕는 중요한 동무임이 분명하다.

나는 책을 읽을 때 세 가지 종류의 책을 읽으려고 노력한다.

첫 번째, 지식과 기술에 관한 책이다. 지금 하고 있는 일을 더 잘할 수 있도록 돕는 전문적인 기술이나 지식이 담긴 책을 읽는 것이다. 전문성이 없는 사람은 퇴화하고 만다. 세상에 가치 있는 일을 남기기 위해서는 자기만의 기술과 방법들이 필요하다.

프로그래머라면 프로그램에 대한 전문서적을, 마케팅 담당이라면 새로운 마케팅 방안에 관한 책을, 리더십 전문가라면 새로운 이론과 사례들을 계속 습득할 수 있어야 한다. 그것이 지식과 기술을 담고 있는 책이 주는 힘이다.

두 번째는 바로 '열정과 에너지'를 얻을 수 있는 책이다. 전문기술이나 뚜렷한 지식은 아니지만 분명히 사람들에게 긍정적인 에너지를 주고 오늘 하루를 더욱 힘차게 살아야겠다고 결심하도록 만들어주는 책이 있다. 세상 사람들이 얼마나 치열하게 살고 있는지, 사람의 정신이 얼마나 위대한 업적을 만들 수 있는지에 대한 구체적인 사례들과 힘이 실린 내용들을 읽다 보면 나도 그렇게 살고 싶다는 열망으로 충만해진다.

어떤 사람들은 자기계발서는 책으로서의 가치가 없다고 말하기도 하지만 그것은 좁은 시각에서 오는 생각이다. 전문기술이나 지식을 담은 책 못지않게 사람의 마음을 고양시키고 행동을 이끌어낼 수 있는 동기를 전해줄 수 있는 책은 중요하다고 믿는다. 인문학, 과학, 경영학 등 모든 분야의 책은 모두 나름대로의 가치를 지니고 있다. 단지 우리가 좋아하는 분야의 책이 아니라서 진심으로 마음을 열고 읽지 않았기 때문에 그 속의 가치를 제대로 얻어내지 못하고 있을 뿐이다. 열정과 에너지를 주는 책을 읽는 습관을 들여야 기술과 지식이 담긴 책들을 오랫동안 읽을 수 있다.

세 번째는 가치관에 관한 책이다. 지식을 얻고 열정을 주는 책을 꾸준히 읽으면 분명히 성공의 대열에 들어갈 수 있을 것이다. 그러나 그 성공이 과연 올바른 성공인지 아닌지에 대한 대답은 보류되어야 한다. 세상에 가치를 남기지 못하는 성공이 진정한 성공일까? 큰 부와 명성을 얻은 저명인사가 어느 날 갑자기 자신의 삶에 회의를 느끼고 낙향하거나 그동안 잃어버린 것들을 찾기 위해 새로운 시도를 하는 것을 가끔 보게 된다.

사람들은 이해할 수 없다고 말하겠지만 그들에게는 그것이 진정한 성공이 아니었던 것이다. 가치관에 관한 책을 꾸준히 읽지 않으면 사람들로부터 성공했다는 말을 들으면서도 정작 마음속에서는 스스로 실패했다는 사실을 인정해야 할지도 모른다.

매 순간 우리는 선택의 갈림길에 서고 실패의 나락으로 떨어질 위험을 감수하며 살아간다. 책은 이런 우리에게 지식과 열정, 가치관을 형성하도록 돕고 정체성을 강화시켜 세상의 갈림길에서 훌륭한 나침반이 되어줄 수 있다고 믿으며 살고 있다. 그리고 실제 그런 내용들로 가득 찬 책을 읽으면서 나 또한 그렇게 변해가고자 한다.

어떤 책을 읽어야 할지 모를 때

- 서점에 가서 책을 둘러보아도 그것이 그것이고 눈에 쏙 들어오는 책이 없다.
- 사람들이 좋다고 말하는 베스트셀러만 읽게 된다.
- 다른 사람들의 말을 믿고 추천받은 책을 읽었는데 얻은 것이 없는 것 같다.
- 책을 놓은 지 오래되어서 감각이 뒤떨어졌다.

Solution!

책을 고르는 법은 책을 많이 읽다 보면 저절로 알게 된다.

1. 목차를 자세히 보자
목차는 책의 흐름과 기본적인 사항이 실려 있다. 제목을 보면 그 글의 핵심을 알 수 있다. 자신에게 맞는 내용인지 아닌지는 목차에서 이미 확인되는 것이다.

2. 서점으로 가자
가끔 서점에 가는 것이 좋다. 온라인에서 보는 책은 한계가 있다. 편리하기는 하지만 우연히 느낌이 좋은 책들을 발견하는 재미는 직접 서점에 가야만 찾을 수 있다.

실제로 서점에서 책을 둘러보다 보면 읽어야 할 책이 너무 많다는 사실에 놀랄 것이다. 그것만으로도 책을 읽어야겠다는 마음가짐을 다지는 데 도움이 된다.

3. 추천을 받자

가장 좋은 방법은 역시 추천받기이다. 자신에게 정신적으로 좋은 영향을 미치는 이들에게 감명 깊었던 책들을 추천받으면 실패하는 일이 드물다. 좋은 책은 읽는 사람이 바뀌어도 크게 영향을 받지 않는다. 그러나 나는 책을 추천하는 데 인색하다. 한 사람에게 적합한 책을 추천한다는 것이 쉽지만은 않기 때문이다.

4. 기억에 남는 저자의 책을 찾자

예전에 읽었던 책들 중에서 기억에 남는 저자의 이름을 떠올려보자. 그리고 그 저자의 책을 검색해서 읽어보자. 한번 만족시켜준 저자들은 믿음이 간다.

가끔은 외로움도 즐겨보자

종달새가 아직 덜 익은 옥수수 밭에 둥지를 틀었다. 그리고 옥수수의 부드러운 싹을 잘라 새끼들에게 먹였다. 시간이 지나 새끼들도 크고 옥수수도 여물었다. 옥수수 밭을 둘러본 주인이 중얼거렸다.

"이제 함께 추수할 친구를 불러와야겠군."

종달새 새끼 중 하나가 그 말을 듣고 아빠 종달새에게 말했다.

"아빠, 우리도 어서 새 보금자리를 찾아야겠죠?"

"아직 떠날 필요는 없단다."

아빠 종달새가 대답했다.

"친구가 도와주겠거니 하는 사람은 일을 그다지 서둘지 않을 거야."

며칠 후 밭을 둘러본 농부는 뜨거운 햇빛 아래 시들어가는 옥수수를 보고는 이렇게 말했다.

"내일이라도 당장 추수할 친구들과 운반할 사람을 고용해야겠군."

이 말을 들은 어미 종달새가 새끼들에게 말했다.

"이젠 정말 우리도 어디론가 떠나야 할 때가 된 것 같다. 그가 친구들 대신 자기 스스로를 믿고 있다면 말이야."

이솝 우화의 한 토막이다. 스스로를 믿는 사람이야말로 행동을 통해서 무엇인가를 해낼 수 있다는 교훈을 던져준다.

일설에 의하면 이솝은 노예 신분이었다고 전해진다. 그에 얽힌 일화가 있다. 주인은 이솝에게 공중목욕탕에 사람이 많은지 살펴보라고 일렀다. 이솝은 목욕탕에서 이상한 광경을 목격했다. 바닥에 비누 하나가 나뒹구는 바람에 지나가는 사람마다 미끄러질 뻔하면서도 아무도 치우려고 하지 않았다. 모두들 비누를 버린 사람을 험담할 뿐이었다. 한참 뒤 한 사람이 그 비누를 치우자 이솝은 주인에게 돌아가 이렇게 보고했다고 한다.

"목욕탕에는 사람이 한 명밖에 없습니다."

이솝의 눈에는 자기 앞의 물건 하나 치우지 못하는 사람은 사람으로 보이지 않았던 것이다. 그의 눈에는 추수를 해줄 친구를 불러오려는 사람 또한 올바른 사람으로 보이지 않았나 보다. 우리도 혹시 누군가 내 일을 대신 해줄 것이라고 기대하고 있지나 않은가 생각해볼 필요가 있다.

스스로를 믿는 사람만이 제대로 된 삶을 살 수 있다. 우리 자신을 믿어야만 세상의 주인공이 될 수 있는 것이다. 다른 사람들에 의존하거나 환경이 좋아지기만을 기대하는 것은 주인된 태도가 아니다. 수동적이고 방관적인 태도는 내가 아닌 다른 사람들의 몫으로 남겨둬도 된다. 그러자면 약간은 외로움을 감내해야 한다. 다른 사람들은 자신과 다르게 행동하는 사람들을 이해하지 못한다. 이해하지 못한다는 것은 자신과 다른 것에 불안감을 나타낸다는 뜻이다.

좀 특이하게 행동하는 사람들을 비난하는 이유는 그들이 자신보다 나은 삶을 살게 될지도 모른다는 질투심 때문이다. 그래서 직장인들의 자기계발은 남몰래 이루어지는 경우가 많다. 직장인들을 대상으로 하는 자기계발 강연회는 모래알 같은 분위기를 연출한다. 100명이 참석해도 같은 직장에서 온 사람은 찾기 힘들다. 동료들과 직장 몰래 자기계발에 몰두하고 있다는 증거다. 그것은 동료들보다 뛰어나기 위해서라는 이유도 있지만, 직장이나 동료들이 알게 되면 트집을 잡거나 다리를 걸어서 도전하는 사람들의 발목을 잡으려 하는 것을 경계하기 때문이다. 그들은 "큰 공적을 세우는 사람은 여러 사람과 모의하지 않는다"는 《전국책》의 구절을 몸으로 실천하고 있는 사람들이다.

이런 상황에서는 누구라도 외롭다. 자기와도 싸워야 하고 직장 눈치까지 봐야 한다. 게다가 유혹은 또 얼마나 많은가. 칙센트미하이 교수는 "머리가 아무리 좋아도 혼자 있는 걸 싫어하면 자기가 가지고 있는 재능을 계발할 수가 없다"고 했다. 그러므로 우리는 혼자 있는 것에 익숙해져야만 한다. 갈 길은 가야 하는 것이다. 그것이 내 꿈이고 가고

자 하는 마음이 있기 때문이다.

라이너 마리아 릴케는 《젊은 시인들에게 보내는 편지》에서 이렇게 말하고 있다.

"어쩌면 당신은 예술가가 천직이라는 것을 깨닫게 될지도 모릅니다. 예술가가 천직이라는 사실을 깨닫는 순간부터 당신은 세상이 나에게 어떤 보상을 줄 것인지를 생각하지 말아야 합니다. 그 길을 선택한 이상 어려움을 견뎌내야 하며, 당신에게 지워질 짐과 쏟아질 축복 또한 잘 감당해내야 합니다. 왜냐하면 예술가는 스스로가 하나의 세계이기 때문입니다."

모든 사람이 다 마찬가지다. 우리는 하나의 세계여야 한다. 우리 삶이 바로 그 세계를 만들어가는 과정이 아니던가. 자신을 믿고 자신의 세계를 구축해나가기 위해 외로움 정도는 이제 즐길 수 있어야 한다. 자신의 세계가 구축되어감에 따라 자신에 대한 믿음 또한 강해질 것이고 우리는 건강한 삶을 만들어갈 수 있을 것이다.

그 수준에 이를 때까지 외로움을 참고 견뎌야 한다. 자신이 하나의 세계이기 위해서는… 나는 그 세계를 꿈꾸는 몽상가다.

자신과의 싸움에서 지쳤을 때

- 주먹에 힘이 들어가지 않는다.
- 다른 사람들처럼 그렇게 대충 살고 싶다는 유혹이 떠나질 않는다.
- 고생한 자신에게 오늘은 휴가를 주고 싶다는 생각이 든다.
- 그런 휴가가 몇 주 동안 계속되고 있다.

Solution!

우리는 매일 아니 매 순간 자신과의 싸움에 직면한다. 하고 싶은 것과 해야만 하는 것 사이에서……

1. 결과를 생각하자

지금 당장 하고 싶은 것을 하는 것은 순간적인 만족을 준다. 그러나 장기적으로 내가 해야만 하는 것들을 하는 것은 장기간의 만족과 사람에 대한 자신감을 심어준다. 장기적인 결과를 생각하는 사람이라면 지금 바로 자기 자신과의 싸움에서 해야만 하는 것을 선택할 수 있을 것이다.

2. 너무 깊이 생각하지 말자

이것을 할까 저것을 할까 하고 오랫동안 생각하면 건전한 자아가 약해진다. 다른 복잡한 생각이 끼어들기 전에 건전한 자아의 힘으로 지금 필요한 행동을 실천하는 것이 좋다. 행동에 대해서는 오래 생각할수록 악수를 두는 경향이 있다.

3. 받아들이자

우리는 자신이라는 벽에 부딪힌다. 그러나 그 벽은 내가 만든 벽이다. 자신의 약점을 스스로 알고 있기 때문에 그럴 것이라는 추측으로 만들어놓은 벽이다. 우리는 그 벽에 부딪혀서 승부를 볼 수도 있고 혹은 그 벽을 있는 그대로 받아들일 수도 있다. 전자보다는 후자 쪽이 자연스럽다. 어차피 받아들인 다음에는 그 벽은 사라져버릴 것이므로.

4. 자신과의 싸움에 도움이 될 만한 구절을 곱씹어보자

"모든 창조하는 자들은 냉혹하다. 모든 커다란 사랑은 동정을 넘어서 있다. 그리고 그대도 스스로 동정에 빠지지 않도록 자기 자신에게 경고하라. 왜냐하면 많은 사람들이 그대에게로 오고 있기 때문이다."(니체)

내성적이라고 자책하지 말자

나처럼 내성적이고 부끄러움이 많은 사람은 처음 사람을 만나면 쉽게 친해지지 못하고 서먹서먹한 분위기를 만드는 경우가 많다. 그러다가 그 분위기에 다시 압도당해 실수를 하거나 빨리 자리를 떠나고 싶어 서두르다가 사람을 사귈 수 있는 기회를 잃고 만다. 그리고 내성적인 사람을 만난 당사자는 그가 무뚝뚝하고 교양이 부족하며 상대방에게 무관심하다는 생각에 불쾌감까지 느낄 수도 있을 것이다.

스스로 내성적이고 사교성이 부족하다고 생각하는 사람들은 이 점을 기억해두라. 나의 침묵이 상대방에게는 불쾌감으로 이어질 수 있다는 사실 말이다. 그래서 예상하지 못했던 사람들과의 만남을 준비하는 슬기로운 자세가 필요하다. 하지만 모든 사물이 그렇듯이 단점이 있으면 장점이 있는 법, 내성적인 사람들에게는 자신도 모르는 다양한 장점들이 많다.

첫 번째 장점은 독립성이다.

그들은 외로움을 잘 견딘다. 자신이 가고자 하는 길을 가다가 커다란 고통을 만나더라도 끈기 있게 자신의 독립된 영역을 고집하며 오랫동안 가고자 하는 길을 추구한다. 다른 사람들에게 기대거나 의존하지 않기 때문에 자신의 영역을 나름대로 구축해갈 수 있는 것이다. 사람들과 잘 사귀지 못한다는 것이 오히려 독립적인 태도를 갖추게 하는 바탕이 된 것이다.

반면에 외향적인 사람은 다혈질적이며 성급하게 행동한다. 그리고 상대방에게 어떤 행동을 기대하는 경향이 있다. 그들은 상대방이 약속을 지키지 않거나 자신의 기대에 미치지 못하는 실망스런 결과를 건네올 경우 참지 못하고 화를 내고 만다. 적극성과 개방성은 외향적인 사람들이 가진 장점이지만 때로는 이 장점들이 인간관계를 악화시키기도 한다.

둘째, 내성적인 사람은 자신이 한번 마음을 열고 친해진 사람에게는 무한한 신뢰와 봉사를 바친다는 점이다. 내성적인 사람은 일반적으로 가족에게 충실하고 사랑을 다하는 모습을 보인다. 낯선 사람에게는 어색한 마음에 정성을 다하지 못하지만 일단 친해지고 나면 자신의 모든 것을 다 내줄 용의가 있는 것이다. 또한 이런 경향은 고객에게도 이어져서 고객의 충성도를 확보할 뿐만 아니라 자신 또한 몰입의 기쁨과 행복을 맛볼 수 있도록 돕는다. 그들은 한번 정을 준 사람이나 자신에게 맡겨진 일을 결코 저버리는 일이 없다.

셋째, 그들은 자신을 과시하기 위해서 허풍을 떨거나 거짓을 부풀려서 말하지 않는다. 그저 조용히 조심스럽게 자신의 생각을 보여줄 뿐이다. 이런 경우 큰 목소리로 자신의 의견을 말하는 것보다 오히려 더 설득력 있게 들리는 경우가 많다. 평소에 말을 아끼는 사람이 말을 했으니 주의집중도도 높다. 여기서 중요한 것은 너무 자신 없는 태도를 취하지 않아야 한다는 점이다. 신념을 갖고 자신이 가진 고유한 생각들을 풀어놓으면 의외로 강한 파급력을 낳는 경우가 많다. 내성적인 사람은 말을 아끼기 때문이 말에 힘이 있는 것이다.

자신이 외향적이지도 않고 사교성도 부족하다는 것만으로 스스로를 과소평가할 필요는 없을 것이다. 현대사회는 외향적인 사람보다 내성적인 사람이 성공할 가능성이 높다. 정보는 많지만 정제되고 믿을 만한 것은 드물며, 사람들은 많지만 마음을 열고 깊이 사귈 만큼 믿음을 주는 사람 또한 귀하다.

이런 시대는 쉽사리 자신을 보여주며 빨리 친해지는 사람들보다 천천히 느긋하게 양파껍질처럼 벗길수록 새롭고 재미있는 진실을 간직한 사람과의 관계가 오래가는 법이다. 큰 냄비는 작은 냄비보다 천천히 끓지만 오래 끓는다. 더구나 많은 사람들이 나누어 먹을 만큼 그들은 넓고 깊다. 비즈니스에서도 작은 냄비보다는 큰 냄비를 가진 사람이 장기적으로 유리하다. 내 경험상 금방 밑바닥이 드러나는 사람과의 만남은 오래가지 못한다.

　한편 상대방이 지나치게 내성적이어서 내가 쉽게 접근하지 못하고 친해지지 않는다고 해서 그를 비난할 이유도 없을 것이다. 그의 냄비가 내 것보다 크고 깊을지도 모르지 않는가.

　"사랑은 우선 홀로 성숙해지고 나서 자기 스스로를 위해서, 그리고 다른 사람을 위해서 하나의 세계가 되는 것이다."

　라이너 마리아 릴케의 이 말을 행동으로 보여줄 수 있는 사람은 내성적인 사람일 것이다. 그들이 가진 독립성과 몰입력, 진솔함이 삶의 열정으로 이어질 것이고 곧 하나의 세계를 만들어낼 것이기 때문이다.

자신의 성격이 마음에 들지 않을 때

- 열정적으로 활동하는 사람들을 보면 부럽다.
- 성공한 사람들을 바라보면 지금의 자신이 초라하고 보잘것없이 느껴진다.
- 연기학원에라도 다녀서 성격을 바꿔야 하나 싶지만 현실적으로 뾰족한 방법이 없어 안타깝기만 하다.

Solution!

1. 누구나 불만은 있는 법이다

외향적인 사람이든 내향적인 사람이든 사람은 누구나 자기 자신에 대해서 불만이 있다. 아무리 예쁜 사람들도 얼굴의 점 하나에 불평을 한다. 사람은 자신의 현재 모습에 만족하지 못하는 습성이 있다. 지금 당신이 부러워하는 그 사람 또한 마음속으로는 당신을 부러워하고 있을지도 모른다.

2. 사랑하는 만큼 불만도 생긴다

이렇게 자신의 외모나 성격이 마음에 들지 않는 사람은 자신을 아주 사랑하고 있는 사람이라고 보아도 좋다. 자신에 대한 사랑이 없다면 불만 또한 있을 수 없기 때문이다.

문제는 그런 불만들이 자신에게 결국 손해가 될 수 있다는 점이다. 자기 자신이 불만스러운 사람이 자신감 있게 일을 처리해내는 경우는 드물다. 우리에게 필요한 것은 자신의 좋은 점들을 발견하고 계발하는 일이다.

3. 장점을 계발하자

누구나 한 가지쯤 잘하는 점이 있다. 그 장점을 살리는 것이야말로 단점을 덮으려는 노력보다 훨씬 효과적이다. 장점이 부각되면 단점은 자연스럽게 보이지 않게 된다. 장점을 부각시키고 올바른 가치관과 연결시켜나갈 때 우리는 남들이 부러워할 만한 인품을 갖출 수 있을 것이다.

자신의 성격이 마음에 들지 않을 때
1. 누구나 불만은 있는 법이다
2. 사랑하는 만큼 불만도 생긴다
3. 장점을 계발하자

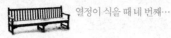

열정이 없는 사람들로부터 도망치자

불가능을 꿈꾸는 사람을 나는 사랑한다. – 괴테

문전작라(門前雀羅)라는 말이 있다. 문 앞에 참새 그물을 친다, 즉 방문객의 발길이 끊어지는 것을 나타내는 표현이다. 사마천은 《사기》에서 이 말의 의미를 이렇게 말하고 있다.

"처음 내가 정위(廷尉)가 되었을 때는 빈객이 문 앞에 가득 찼지만, 파면되자 문 밖에 참새 잡는 그물을 쳐도 될 정도였다. 내가 다시 정위가 되자 빈객들은 예전처럼 모여들려고 했다. 그래서 나는 문에 이렇게 크게 써서 붙였다. 한 번 죽고 한 번 사는 데 사귀는 정을 알고, 한

번 가난하고 한 번 부유함으로써 사귀는 모습을 알며, 한 번 귀했다가 한 번 천해짐으로써 사귀는 참된 정을 알게 된다."

그리고 권세와 돈에 따라 흐르는 사람들의 마음을 비꼬며 슬픈 현실이라고 했다. 예나 지금이나 이익의 주위에 사람들이 모이는 것은 변함이 없는 모양이다.

요즘도 권세와 돈이 없으면 사람들이 모이지 않는 것은 당연하고 거기에 사람이 떠나가는 이유 한 가지가 더 늘었다. 그것은 자기 삶에 대한 열정은 전혀 찾아볼 수도 없으면서 세상에 대해 온통 불만만을 토해내는 사람들의 존재이다. 그들은 자신의 무능력과 무력함을 세상에 대한 비난으로 감추면서 상대방까지도 감염시키려고 한다. 세상에 대한 불만을 쏟아내는 사람들의 가장 큰 문제는 다른 사람들의 인생까지 불만족스럽게 만든다는 사실인 것이다.

그들은 자신을 둘러싸고 있는 환경을 비난하면서 그것을 바꾸어야만 한다고 주장한다. 그러나 환경이 바뀐다고 해도 자신의 생각이 바뀌지 않으면 그의 미래는 어두울 것이다. 환경이란 언제고 또 바뀌는 것이어서 그 환경의 변화에 따라서 그의 행복이 좌우될 것이기 때문이다.

자신의 문제가 무엇이지 파악해서 고치려고 노력하는 사람들은 주위 사람들이 충분히 도울 수 있을 것이다. 그러나 자신의 문제에 대해서 극복할 의지가 없는 사람들은 남들이 어떤 탁월한 방법과 처방전을 제시해도 그 문제를 해결할 수가 없다. 도움받을 준비가 되지 않은 사람을 도울 수는 없는 일이다.

《맹자》에 이런 구절이 있다.

"인(仁)이 불인(不仁)을 이기는 것은 물이 불을 이기는 이치와 같다. 그런데 오늘날 인을 실천하는 사람들은 물 한 잔으로 수레 하나에 가득 실린 땔나무에 붙은 불을 끄려는 것과 같다. 그러고서 불이 꺼지지 않으면 물은 불을 이기지 못한다고 말한다. 이러한 행동은 불인에 크게 동조하는 것이니, 결국에는 그가 지닌 얼마 되지 않는 어진 마음마저 잃게 될 것이다."

한마디로 세상에 대한 올바른 열정과 열망이 없는 사람들에게서 멀어지라는 말이다. 그들과 가까이 있으면 자신도 모르게 그들의 생각을 따라가게 된다. 사람은 사회적 동물이어서 함께 있으면 닮아갈 수밖에 없다. 부정적인 생각을 가진 사람들과 같이 행동하는 것은 바로 자신의 에너지를 방전시키고 삶의 열정을 고갈시키는 지름길이다.

따라서 우리는 열정을 상실하고 세상을 부정적으로 말하기를 주저하지 않는 사람들을 보면 즉시 도망쳐야 한다. 그것이 그도 살고 나도 사는 길이다. 내 에너지가 충만해서 그의 부정적인 감정들을 긍정적인 피드백으로 되돌려줄 수 있다면 윈-윈(Win-Win) 할 수 있겠지만, 그렇지 않은 상황에서는 잠시 떠나 있는 것이 좋다. 자기 자신이 원해서 하는 일들의 비율을 높여나가야 한다.

존경하는 스승에게 제자가 물었다.

"경건한 자가 사람들에게는 올바르게 살도록 권하지 않는 것은 무슨 까닭입니까?"

"그들은 항시 착한 일을 행하고 올바르게 살도록 사람들에게 권하고 있단다."

"하지만 사람들을 악한 짓을 하도록 유혹하는 쪽의 힘이 훨씬 강하며, 그들은 사람들을 꾀어서 패거리를 늘리는 데 열심입니다."

"올바른 일을 행하는 사람은 혼자 걷기를 두려워하지 않는 법이다. 그러나 나쁜 짓을 하는 자는 혼자 걷기를 두려워하기 때문이지."

불편한 사람이 만나자는 연락을 해왔을 때

- 전화를 퉁명스럽게 받아보기도 하지만 끝내 거절하지는 못한다.
- 싫으면서도 거절하지 못하는 자신에게 화가 난다.
- 약속을 해놓고도 이런 저런 핑계를 만들어서 나가지 않을 수 있는 방법을 강구해본다.
- 다음에 만나자는 말을 하기 위해서 전화를 걸었다가 오히려 약속장소만 확인하고 끊기도 한다.

Solution!

1. 한마디로 거절하자

만나면 불편한 사람과 오랜 시간 동안 차를 마시거나 술을 마시는 것만큼 사람의 에너지를 소진시키는 일도 없다. 불편한 사람이 전화를 걸어와 만나자고 하면 아예 한마디로 거절하는 것이 좋다. 틈을 주면 비집고 들어오려 할 것이다.

2. 효과적인 거절 방법을 쓰자

거절에도 방법이 있다. 점잖으면서도 단도직입적으로 말하는 것이다.

"지금은 사람을 만날 마음의 여유가 없습니다. 다음에 건강한 마음이 생겼을 때 그때 뵙겠습니다."

이렇게 점잖고 당차게 말해버리면 상대방도 계속 만나자는 말을 하기 힘들게 된다. 그리고 상대방을 직접적으로 비판하면서 만나지 않겠다는 것이 아니라, '지금 내 마음에 여유가 없기 때문'이라고 돌려서 말함으로써 상대방을 덜 불편하게 할 수 있다. 하지만 현명한 상대방이라면 알 것이다. 내가 그를 만나기를 원치 않는다는 것을.

3. 당당한 모습을 보이자

어쩔 수 없이 만나게 되더라도 당당하고 의연한 모습을 견지하는 것이 좋다. 좀 과묵하고 진지해도 좋을 것이다. 당신의 무거운 모습에 상대방은 불편해할 것이고 만남의 시간은 줄어들 것이다.

불편한 사람이 만나자는 연락을 해왔을 때

1. 한마디로 거절하자
2. 효과적인 거절 방법을 쓰자
3. 당당한 모습을 보이자

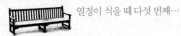

때로는 행동에서 에너지가 나온다

헨리 포드는 세계 최초로 자동차를 만들어내서 갑부가 되었지만 술과 담배를 멀리했고 늘 부지런했다고 한다. 바짝 마른 몸매에 추운 겨울에도 외투를 입지 않을 만큼 건강했는데 소식과 운동으로 건강을 지켰다. 그에게 어느 날 친구가 이런 말을 했다.

"자네 몸이 왜 그런가? 당장이라도 쓰러질 것처럼 말랐군. 돈 버는 것도 좋지만 좀 먹고 사는 게 어떤가. 하하하."

반지르르하게 기름 바른 머리에 아랫배가 뽈록 나온 뚱뚱한 친구는 그를 보고 비웃었지만 포드는 웃으며 대답했다.

"내가 그렇게 약해 보이나? 나는 아직 병원 문턱도 밟아보지 않고 건강하게 살고 있는데? 가끔 병원에 문병을 가보면 오히려 자네 같은 뚱뚱한 사람들이 침상에 누워 있던데, 자네야말로 건강에 신경을 좀 써야 할 것 같군. 내 건강 비결을 가르쳐줄까?"

그는 뚱뚱한 친구를 자기 집으로 데리고 가서 소박한 거실에 놓인 작은 벽난로를 보여주었다. 그 벽난로 위에는 이렇게 쓰인 작은 액자가 걸려 있었다.

'네 손으로 장작을 패라. 이중으로 따뜻해진다.'

배움에는 두 가지가 있다고 한다. 하나는 책을 읽거나 좋은 스승으로부터 가르침을 받아서 배우는 것이고, 다른 하나는 자신의 경험으로부터 배우는 것이다. 그런데 우리들은 둘 중에서 한 가지만 잘하는 경향이 있다. 하나라도 잘하는 게 어디냐 싶은 생각이 들기도 하겠지만 우리는 그 모두를 배울 수 있어야 한다.

책이나 좋은 스승에게 배우는 것을 잘하는 사람들은 정적인 사람들인 경우가 많다. 이른바 학구파들이다. 학자가 되거나 글 쓰는 사람이 될 가능성이 많은 사람들이 책과 지식을 사랑하며 좋은 스승을 찾아다닌다. 그들은 일을 하기 전에 자신의 능력을 살펴보고 환경적인 요소들까지 충분히 고려한 후에 신중하게 시작하려 한다. 이런 신중성은 장점이 되기도 하지만 단점이 되기도 한다. 그 단점이란 바로 오래 준비할수록 그 일을 시작하면서 얻게 되는 이익들이 감쇄된다는 점이다. 그리고 탁상물림으로 행동력이 떨어지고 실패할 경우 지나치게 민감하게 반응할 가능성이 높다. 한번 실패로 인해 다시는 일어서지 못하게 될지도 모른다.

반면에 경험에서 배우는 사람들은 동적인 사람들이다. 말보다 행동이 빠르고 그만큼 실천력이 강하다. 사업을 할 때에도 충분히 준비하고 연구해서 시작하기보다는 일단 시작해놓고 행동을 통해서 배워나간다. 행동력이 담보되기 때문에 좋은 기회를 잡을 가능성도 높고 실패에 연연하지 않고 다시 시작할 수 있는 생활력이 강한 사람들이다. 물론 충분히 준비하지 못해서 성공할 수 있는 일도 실패하게 되는 경우가 많아진다는 단점은 있다.

여기서 생각해볼 것은 우리 현대인들의 생활방식이다. 우리는 책이나 스승에게 배우는 것에 익숙하다. 그러나 경험에서 배우는 것에 대해서는 지나치게 인색하다. 현실에서 한 번의 실패는 곧 추락을 의미하기 때문일 것이다. 실패나 잘못을 인정하는 것은 경쟁력 상실을 의미한다고 믿는 것 같다. 이렇게 자신의 실수나 잘못을 인정하지 않으려 하기 때문에 그 경험으로부터 배울 수 없게 된다.

삶을 밀고나갈 에너지는 자신의 마음가짐, 태도에서 나오는 경우가 많다. 하지만 때로는 태도가 아닌 행동에서 나오기도 한다. 강한 정신력은 행동을 위한 결단을 가져올 수 있다. 반대로 행동은 강한 정신력으로 이어질 수 있다.

재미있는 것은 지나치게 생각만 하는 사람들은 그 생각 때문에 지쳐버릴 수도 있다는 점이다. 너무 오래 생각하면 머리가 복잡해지고 좀 쉬고 싶다는 생각이 든다. 반면에 행동하는 사람들은 행동 때문에 에너지를 얻을 수 있다. 운동을 해보면 안다. 하기 전에는 너무 싫지만 막상 운동을 시작하고 움직이다 보면 에너지가 되살아나면서 컨디션이 좋아지고 무엇인가를 해야겠다는 욕구들이 용솟음친다. 움직임 속에는 에너지를 만들어내는 힘이 들어 있기 때문이다.

생각을 통해 자신에게 삶의 에너지를 공급하는 것은 좋은 일이다. 하지만 때로는 지나치게 오랜 생각으로 인해 자신을 지치게 할 수도 있다. 이럴 때는 오히려 먼저 행동함으로써 또 다른 열정을 얻어내는 방법이 효과적이다.

일본 속담에 '슬프기 때문에 우는 것이 아니라 울다 보니 슬퍼서 우는 것이고, 기뻐서 웃는 것이 아니라 웃다 보니 기뻐져서 웃는 것이다'는 말이 있다. 감정 때문에 행동이 나오는 것이 아니라 행동 때문에 감정이 만들어지는 경우가 있는 법이다. 아무리 마음을 고쳐 잡으려 해도 마음대로 되지 않을 때, 오히려 내 감정을 통제하기보다는 행동함으로써 감정을 다잡는 방법도 있다는 사실을 기억하라.

일단 한번 해보자. 그냥 하는 것이다. 행동한다고 해서 손해 볼 것은 없다는 생각으로 실천하다 보면 마음도 밝아지고 일도 금방 좋아질 것이다.

나태함으로 지쳤을 때

- TV를 사랑하게 된다.
- 퇴근할 시간이 되면 오늘은 무슨 건수가 없나 하고 술 마시거나 놀 기회를 찾는다.
- 아침에 일어나는 것이 죽기보다 싫고, 그런 자신이 또한 너무 싫어진다.
- 주말과 같은 자유로운 시간이 주어지는 게 오히려 괴롭다.

Solution!

1. 스트레칭을 하자

하루에 한 번 정도 스트레칭을 하는 것은 여러 모로 좋다. 건강에도 좋을 뿐 아니라 몸을 움직임으로써 마음까지 움직이게 할 수 있다. 가볍게 몸을 푸는 동안 다음 행동을 하도록 설득하는 자기 자신을 발견할 수 있을 것이다.

2. 지금 당장 이불을 개자

휴일에는 아침에 늦잠을 자게 마련이다. 이불 속에서 TV 리모컨만 만지작거리는 경우도 많다. 당장 이불을 걷어차고 일어나

라. 그리고 이불부터 개라. 그 다음에는 아주 간단히 방 정리를 해 보자. 그것만으로도 생활의 패턴을 정상으로 돌려놓을 수 있을 것이다.

3. 친구를 만나자

친구를 만나기 위해서는 버스나 지하철을 타야 하고 약속장소 까지 걸어가야 한다. 그렇게 움직이는 동안 우리는 건강한 자신 을 회복할 수 있다. 1시간 이내의 거리라면 걸어가는 것도 좋다. 걷는 것처럼 작은 움직임이 우리에게 힘을 준다. 때로는 억지로 약속을 만드는 것도 움직임을 유발하는 좋은 방법이다.

나태함으로 지쳤을 때

1. 스트레칭을 하자

2. 지금 당장 이불을 개자

3. 친구를 만나자

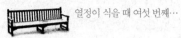

열정이 식을 때 여섯 번째…

좋아하는 선배에게 얻어 오자

한 소년이 마당에서 끙끙대면서 큰 돌을 들어올리고 있었다. 돌은 꿈쩍도 하지 않았다. 그 모양을 보고는 소년의 아버지가 물었다.

"애야, 그 돌을 들어올리기 위해 네가 할 수 있는 일을 다 했느냐?"

소년은 풀이 죽어 대답했다.

"그럼요. 다 했고말고요."

"정말 다 했느냐?"

"예, 정말 다 했어요."

아버지가 소매를 걷어붙이며 말했다.

"나한테 도움을 청하지 않았잖느냐!"

열정이 넘치는 사람들은 자기들끼리 모이려는 경향이 있다. 술을 좋아하는 사람들이 자연스럽게 모임이 만들어지듯이 열정이 넘치는 사람들은 서로를 알아본다. 그래서 내 주위의 친구들과 선배들, 후배들이 모두 열정적인 사람들이라는 것이 무척이나 다행스럽다. 가끔 부정적인 열정이 가득한 사람들이 끼어들지만 곧 밀려서 사라지거나 오히려 우리보다 더 열정적인 사람으로 변화되고 마는 경우가 많다.

그래서인지 어떤 때에는 우리 주변에 일종의 보호막이 쳐 있는 것은 아닌가 싶을 때도 있다. 서로의 열정에 기대어 상대방을 믿고 따르면서 세상이 주는 위험들로부터 보호받고 있는 경우는 얼마든지 있다. 좋은 선배가 던져주는 한마디 말들이 힘을 주고, 후배들의 성실한 모습에서 세상의 밝은 면을 발견하며, 아이들의 웃음소리에서 미래를 긍정하게 되는 일들은 드물지 않다. 어떤 이는 자신의 일에 대한 믿음으로, 어떤 이는 세상에 대한 애정으로, 어떤 이는 정의에 대한 확신으로, 어떤 이는 사회적 약자에 대한 불타는 배려심으로 자신과 상대방을 보호하고 있는 것이다.

그렇다면 나에게 있어서 개인적인 보호막은 무엇일까? 아무리 생각해봐도 내 열정의 보호막은 글인 것 같다. 글을 쓰면서 부정적인 감정이 치유되고 건강을 회복하는 모습을 발견할 수 있기 때문이다. 그러므로 글이 잘 진행되지 않거나 글에서 부정적인 냄새가 나면 그것은 에너지가 떨어졌다는 징조다. 이런 징조는 조기에 해결하는 것이 효과적이다. 이때 긍정적인 생각으로 글을 쓰려고 노력하다 보면 자연스럽게 열정이 회복되는 것을 발견할 수 있다.

하지만 언제나 그런 것은 아니라는 것이 문제다. 슬럼프가 계속되어 글이 더 이상 진행되지 않는 경우가 발생하는 것이다. 그때 내가 가진 최후의 해결책 중 하나가 바로 사람을 만나는 것이다.

하는 일이 문제에 봉착했을 때 나는 선배와 친구들을 만난다. 일부러 술자리를 만들어서 그들과 대화를 시도하고 그들이 가진 에너지를 흡수하려 한다. 그렇게 많은 시간을 건너오다 보니 지금은 어느 정도 습관이 되어서 그들을 만나는 것만으로도 큰 에너지를 얻을 수 있게 되었다.

우리 주위에는 삶의 에너지로 충만한 사람들이 상당히 많다. 그러나 그들은 그들끼리 모이는 경향이 있기 때문에 열정이 부족한 사람들의 눈에는 잘 보이지 않는다. 이것은 직장에서의 인간관계가 힘들어지는 원인이 되기도 한다. 긍정적인 에너지를 가진 사람들을 직장 내에서 발견하지 못하면 부정적인 사람들과의 만남에서 생기는 스트레스를 긍정적으로 풀어낼 수 없기 때문이다.

긍정적인 에너지로 충만한 사람들을 찾아내는 일이 그래서 중요하다. 직장 내에서 찾기 힘들 때는 친구나 선배들을 찾자. 열정은 나누어 준다고 해서 없어지는 것이 아니다. 오히려 나누어줄수록 커진다. 열정이 식어갈수록 서로 만나서 삶의 패턴을 점검하고 긍정적인 에너지를 나누어야 한다. 그 만남을 통해 우리 스스로의 열정이 커져가기 때문이다.

나를 만나는 친구나 선배들 또한 열정의 불을 새롭게 지필 계기가 될 것이라고 믿는다. 글을 쓰면서 내 열정의 불을 높게 지핌과 동시에 글을 읽는 독자들의 에너지 또한 충만해질 것이라 생각한다. 열정은 나눌수록 커진다는 확신은 서로의 열정으로 모두를 보호하는 훌륭한 방어막이 되어줄 것이 분명하다.

오늘은 열정으로 충만한 선배에게 전화를 걸어보자. 그도 반가워할지 모른다.

나귀 한 마리를 사려는 사람이 시험 삼아 한 마리를 데려다 자기 집의 나귀 우리에 풀어놓았다. 그러자 새로 온 나귀는 가장 게으르고 욕심이 많은 나귀 녀석과 가까이 지내면서 다른 나귀한테는 관심도 주지 않았다.

남자가 그 나귀에게 고삐를 씌워 원래 주인에게 돌려주자 주인이 서운한 듯 물었다.

"이 녀석을 충분히 시험해보셨나요?"

남자가 말했다.

"더 이상 시험해볼 필요도 없습니다. 저 녀석은 틀림없이 자기가 친구로 골랐던 나귀와 닮은 놈일 테니까요."

열정을 얻어 올 사람이 없다고 느껴질 때

• 친구, 선배, 후배들 모두 그러저런 사람들뿐이어서 만나도 힘이 생길 것 같지가 않다.
• 그들이 나를 싫어하는 것처럼 느껴진다.
• 열정을 얻기는커녕 술만 먹고 몸만 망가져서 들어오기 일쑤다.

Solution!

1. 열정을 얻어 올 것이 아니라 스스로 만드는 사람이 되자

세상이 너무나 불공평하고 부지런히 일하는 사람들이 오히려 가난과 역경에 시달리는 현실을 보면서 어떤 이가 신에게 저주를 퍼부었다.

"신이시여. 이것이 당신께서 말씀하시는 정의입니까?"

신이 대답했다.

"그렇다. 이것이 나의 정의다."

"그렇다면 세상의 불의에 대한 제 기도를 듣지 못하셨나요? 당신께서는 왜 아무런 행동도 하시지 않는 것입니까?"

"내가 아무것도 하지 않았다고? 나는 너를 만들지 않았느냐!"

2. 스스로의 에너지원을 찾자

에너지를 얻어온다는 것은 기본적으로 자기 스스로 에너지를 만들어내는 사람들에게만 가능한 일이다. 에너지를 만들지 못하는 사람은 다른 사람에게서 얻어 온다 한들 그것을 사용하는 방법조차 모르기 때문이다. 스스로 열정을 만들어내는 방법부터 찾아야 한다. 글을 쓰는 일, 산책이나 운동을 하는 일, 음악을 듣는 일, 책을 읽는 일, 사색을 하는 일, 아이들과 같이 노는 일들 중 어느 것 하나는 분명히 우리의 열정을 지피는 부싯돌이 되어줄 것이다.

3. 지금부터라도 좋은 인연을 맺기 시작하자

열정을 얻어 올 사람이 없을 정도면 심각한 커뮤니케이션 장애 상태라고 봐도 좋을 것이다. 한마디로 인간관계에서 실패하고 있다는 말이다. 지금부터라도 좋은 사람들과 좋은 인연을 맺을 수 있도록 성의를 다하자. 곧 열정을 나눌 사람들을 얻게 될 것이다.

열정을 얻어 올 사람이 없다고 느껴질 때
1. 열정을 얻어 올 것이 아니라 스스로 만드는 사람이 되자
2. 스스로의 에너지원을 찾자
3. 지금부터라도 좋은 인연을 맺기 시작하자

성장을 위해 움직이자

중국 전국시대에 야랑(夜郞)이라는 작은 나라가 있었다. 어느 날 야랑국의 왕이 영내를 순시하다가 부하에게 물었다.

"이 세상에서 어느 나라가 제일 큰가?"

"야랑이 제일 큽니다."

왕이 앞에 있는 높은 산을 가리키며 물었다.

"천하에 이 산보다 높은 산이 또 있는가?"

"없사옵니다."

왕이 강가에 이르러 이 강보다 긴 강이 있느냐고 묻자 신하는 또한 없다고 대답했다. 왕은 야랑국이야말로 세상에서 제일 큰 나라이며 자신은 세상에서 가장 위대한 왕이라고 생각하게 되었다.

어느 날 한나라의 사자가 인도로 가는 길에 야랑국에 들렀다. 왕이 사자에게 물었다.

"듣자 하니 한나라도 제법 큰 나라라고 하던데, 한나라와 야랑국 중 어느 나라가 더 큰가?"

사자는 어이가 없어서 말문이 막힐 지경이었다.

이때부터 자기 분수도 모르고 허세를 부리는 경우를 '야랑자대(夜郎自大)'라고 이르게 되었다.

이렇게 세상이 얼마나 큰지 그리고 어떻게 흘러가고 있는지를 전혀 모르는 사람들은 배움을 중단한 사람들임에 분명하다. 세상과 소통할 수 있는 문을 완전히 차단하는 방법 중에서 가장 확실한 방법은 바로 배우는 것을 멈추는 것이 아닐까 싶다.

《예기》에 이르기를 군자는 세 가지 두려움이 있다고 했다.

첫째, 들은 것이 없을 때는 그 듣지 못한 것을 두려워해야 하고,

둘째, 들었다면 들은 것을 익히지 못하는 것을 두려워해야 하며,

셋째, 익혔다면 그것을 실천하지 못하는 것을 두려워해야 한다.

이를 군자삼외(君子三畏)라고 한다. 보고 듣고 배우고 그것을 실천하지 못하는 것을 끊임없이 경계해야만 한다는 말이다. 춘추전국시대처럼 혼란한 상황에서 만들어진 교훈들은 현재를 살아가는 우리들에게도 훌륭한 배움의 단초를 제공한다. 세 가지 두려움을 곁에 두지 못한 사람들은 언젠가 야랑자대하게 될 것이다. 그래서 《삼국지》에 "선비는

헤어진 지 사흘이 지나서 다시 만났을 때 눈을 비비고 봐야 할 정도로 진보해야 한다"고 했던 것이리라.

찰스 핸디는 《E혁명의 그늘》이라는 글에서 현대 사람들을 이렇게 말하고 있다.

"우리들이 다섯 살이 되기 이전에 발생한 테크놀로지의 변화는 하나의 규범으로 정착된다. 서른다섯 이전에 발생한 테크놀로지는 우리를 흥분시키고 새로운 가능성의 문을 열어준다. 그러나 서른다섯 이후의 테크놀로지는 우리를 당황하고 난처하게 한다."

나이가 들어가면서 배울 수 있는 마음들이 닫히고 지금까지 배운 것으로 모든 것을 해결하려는 경향이 강해지기 때문이다. 그래서 어른들에게는 휴대폰의 다양한 기능들이 소용없고 오직 전화기의 기능만 있으면 된다.

어른들은 새로운 휴대폰을 구입하면 매뉴얼을 들고 차근차근을 하나씩 배워간다. 그러나 아이들과 젊은 세대들은 처음 보는 단추들을 마구 눌러댄다. 경험과 행동으로 배우는 것이다. 이런 방법의 차이는 생각보다 큰 결과로 이어진다. 새로운 기계의 단추를 누르는 것을 두려워하는 어른들의 모습은 실생활에서의 적극성 부족과 행동의 굼뜸을 상징하는 것일지도 모른다. 반면 젊은이들은 이론을 배우기 전에 행동에서 배울 수 있는 실천력을 갖춘다.

나이가 들어가면서 배움을 중단하면 현실이 두려워진다. 신중한 것은 좋지만 그것이 행동하지 못함의 원인이 된다면 곤란하다. 가끔은 자신이 행동하지 못하는 것이 신중한 일처리를 위해서라고 변명하는 경우도 생긴다. 군자삼외를 삶의 지침으로 만들지 못했다는 증거다.

"만일 두 손이나 한 손 안에 움켜쥘 수 있는 오동나무와 가래나무를 기르려고 할 경우 누구나 그 방법을 안다. 그런데 자기 자신을 기르는 방법은 알지 못한다. 어떻게 자신을 사랑하는 것이 오동나무나 가래나무만도 못한가? 너무도 어리석구나."

맹자의 말이다. 인격과 마음의 성장은 몸의 성장처럼 세월이 흘러간다고 해서 자연스럽게 이루어지는 것이 아니다. 성장을 위해 능동적으로 움직이며 수많은 시도를 통해 결과를 쌓아가야만 한다. 고등학교 혹은 대학교만 졸업하면 배움이 끝이라는 태도는 이해할 수 없다. 사회에 뛰어든 이후의 배움이 훨씬 중요하게 대두되고 있으며 지금은 그 배움이 또 다른 배움으로 이어져야만 하는 시대이다.

살림이 넉넉해지면서 배움의 열정도 식어가는 경향이 있다. 취업하고 승진을 거듭할수록 살림은 넉넉해지게 마련이다. 그 넉넉함이 우리 배움의 의지를 약화시키려 할 것이다. 이제는 배움 그 자체에서 삶의 의미를 찾아낼 수 있어야만 한다. 그래야 살림의 넉넉함과는 상관없이 배움에 의미를 쌓아갈 수 있을 것이다.

배움이 소용없다는 생각이 들 때

- 학원에 등록만 해놓고 나가지 않아서 수업료만 날린 경험이 있다.
- 그래서인지 자꾸 학원이나 학교가 별 소용없다고 생각하게 된다.
- 미분과 적분, 상대성이론, 유전의 법칙 같은 것이 도대체 무슨 소용이 있나 싶다.
- 배우지 않으면서도 회사 일과 사업에서 성공하는 사람들이 눈에 자주 보인다.

Solution!

1. 다른 방법을 찾자

배움의 방법에는 여러 가지가 있다. 그런데 사람마다 이런 배움을 얻어내는 방법에는 조금씩 차이가 있다. 어떤 사람들은 책에서, 어떤 사람들은 친구들의 모습에서, 또 다른 사람들은 학교교육에서 많은 것들을 얻어낸다. 이것을 뒤집어서 말하면 자신에게 맞지 않는 교육방법을 선택할 경우 그 배움 때문에 지칠 수도 있다는 것이다. 책을 좋아하는 사람이 친구나 어떤 행동으로부터 배우기는 어렵다. 친구를 만나는 시간에 책을 읽는 것이 더 좋다고 생각하기 때문이다. 일을 통해서 배우는 사람들은 교육을 통해서 배우기 어렵다. 머릿속에 현재 해야 할 것들이 가득하기 때문에 교육이 머릿속에 들어오지 않고 오히려 지겹다는 생각만 들기 때문이다.

배움이 소용없다는 생각이 들 때는 자신에게 맞는 배움의 방법이 어떤 것인지부터 생각해봐야 한다. 어차피 배우지 않을 수는 없다. 그렇다면 무엇으로 배울 것이냐를 고민해야 하지 않을까?

2. 현실을 더 고민하자

배움이 소용없다는 생각이 드는 것은 현재의 고민이 부족하다는 증거이기도 하다. 고민하지 않고 일단 책부터 보거나 공부를 시작하면 아무리 좋은 내용이 있어도 무심코 지나가게 된다. 반면에 무엇인가를 고민하다가 책을 읽으면 그 속에서 해결의 실마리를 찾게 되는 수가 많다. 배움의 전제는 자기 생활에 대한 치열한 고민이다.

3. 자신과 타협하지 말자

나의 경험에 비추어볼 때 배움이 소용없다고 생각되는 결정적인 이유는 자신과의 싸움에서 졌기 때문이다. 노력하다가 더 이상 힘들어서 못할 것 같다는 생각이 들 때 우리는 자신과 타협한다. 그러고는 이만하면 됐으니 좀 쉬었다가 하자는 생각을 하게 된다. 그러나 쉬었다가 하자는 타협은 그만두자는 타협으로 이어진다. 한번 물러나면 계속 물러서게 된다. 타협하려는 그 순간 물러서서는 결코 안 된다.

배움이 소용없다는 생각이 들 때
1. 다른 방법을 찾자
2. 현실을 더 고민하자
3. 자신과 타협하지 말자

선택한 일에 지극한 정성을 다하자

베토벤은 산책을 통한 사색을 즐겼다. 그의 작품의 대부분은 숲 속을 산책하다가 자연의 소리에 영감을 받아 만들어졌다고 한다. 얼마나 산책을 좋아했는지 마차를 타고 가다가도 괜찮은 숲만 보이면 뛰어내려 산책을 하곤 했다. 하지만 이 음악의 성인은 1817년에 들어서면서 고질병인 귓병이 악화되어 글을 통해서만 의사소통을 할 수 있게 되었다. 그럼에도 불구하고 그는 제9번 교향곡 〈합창〉을 만들어낸다. 병이 그에게 집중할 수 있는 자극제가 되었고 그의 작품세계는 더욱 깊어졌던 것이다.

고난은 우리에게 무엇인가에 집중할 수 있는 기회를 제공해준다.

무덤덤하고 편안하게 보내는 일상보다는 땀 흘리며 힘들게 지낸 하루가 저녁밥을 맛있게 만들고 삶의 에너지로 충만하게 한다.

"그대가 할 수 있고, 해도 되는 일에 지극한 정성과 노력을 바쳐라. 왜냐하면 그때 비로소 그대는 자신을 진정으로 알고 느낄 수 있기 때문이다."

14세기에 살았다는 어느 현자의 말이다. 자신을 느끼기 위해서는 대상이 필요하다. 자기 자신이 무엇을 잘하는지, 무엇 때문에 그것을 하는지를 이해하기 위해서는 무엇인가를 해야만 한다. 가수들은 노래를 통해서 자신을 이해하며, 화가들은 그림으로, 나는 글로 나 자신을 파악하는 것이다.

그런데 우리의 삶은 그렇지가 못하다. 하고 있는 일에 지극한 정성과 노력을 바칠 수 있어야 하지만 현대인들은 너무 가혹하다 싶을 정도로 쫓기며 살아가는 것 같다.

그 이유는 무엇일까? 아마도 세상이 우리에게 너무나 많은 것들을 요구해서 무엇에 집중해야 할지 잘 모르기 때문일 것이다. 이것도 해야 하고, 저것도 중요하다는 식으로 쫓아다니다 보면 삶의 에너지를 얻기는커녕 있는 에너지마저 방전되기 십상이다.

다채로운 색깔을 사용하는 서양화와는 달리 동양화는 먹의 농담이나 굵기에 의해 그림의 느낌이 좌우된다. 그중에서도 특히 여백은 동양화에만 독특하게 나타나는 매력 중의 매력이다. 여백은 그림 속의 사물 그 자체를 뚜렷하게 부각시킨다. 여백 대신 다른 배경들이 마구 들어서면 전체적인 풍경이 강조되어 하나의 사물은 부각되기 어렵다.

남다른 패션 감각이 있는 사람은 여러 가지 액세서리를 주렁주렁 매달고 다니지 않는다. 목걸이나 반지, 혹은 모자 중에서 강조해야 할 포인트 하나만으로 자신을 드러낸다. 반면에 패션 감각이 없는 사람들은 온갖 화려한 것들을 걸치고는 '나 멋있지?' 하며 돌아다닌다. 가끔 온갖 금붙이와 귀금속, 이른바 명품들을 몸에 달고 다니는 중년여성들을 보면, 멋있다는 생각은커녕 저러다가 강도에게 봉변당하겠다 싶어진다.

음악, 그림, 패션 감각뿐만 아니라 일도 마찬가지가 아닐까? 너무 많은 것들을 한꺼번에 잘해보려고 하면 제대로 되는 것이 별로 없다. 반면에 하나라도 제대로 해보겠다는 생각이 들면 괜찮은 결과를 얻게 된다.

버나드 쇼는 이런 말을 남겼다.

"당신이 좋아하는 것에 관심을 기울여라. 그렇지 않으면 당신이 좋아하지 않는 것을 좋아하도록 강요받을 것이다."

또한 나다니엘 에몬스는 이렇게 말했다.

"사람들이 자주 쓸모없어지는 중요한 이유 중 하나는 그들이 자신의 전문직이나 소명을 무시한 채 여러 가지 대상이나 목적을 향해 자신의 관심을 분산시키기 때문이다."

지금 하고 있는 일들 중에는 분명히 내 영혼을 울릴 만한 게 있을 것이다. 그 중 하나를 잘 골라서 제대로 멋지게 해보는 것은 어떨까? 다른 사람이 시키는 대로 이것저것 하다가는 잘할 수 있는 게 없어질지도 모른다. 우리를 자신에게 가까이 다가가도록 도울 수 있는 일을 찾아 집중하다 보면, 내가 누군지 알게 될 기회를 발견할 것이다. 사람들은 자기가 하는 일을 통해서 자기 자신을 발견할 수 있다. 일은 사람을 만들고, 사람은 일을 만든다.

목적의식은 우리가 구체적인 일을 추구할 때만 발견할 수 있다. 산을 정복해야겠다는 목표가 없는 사람은 산에 오르려 하지 않을 것이다. 땀 흘려서 올라갔다가 내려올 산을 왜 올라가는지 이해할 수 없는 사람들에게는 산을 오르는 것이 목표가 될 수 없다. 정확한 목표가 있는 사람만이 계획을 세우고 스스로를 독려한다.

나는 나의 미래가 내가 세운 목표와 계획 그리고 노력의 양에 따라 좌우될 것임을 결코 의심하지 않는다. 오늘이 즐거운 것은 미래의 목표가 머릿속에 선명하게 새겨져 있기 때문이며 그 목표 자체가 나에게 어떤 의미이기 때문이다.

목적의식을 잃었을 때

• 하루가 무료하게 느껴진다.
• 목표 자체가 희미해지거나 그것을 달성해서 무엇을
  하려는 건지 모르겠다는 생각이 든다.
• 세상은 자연스럽게 시간이 흘러가는 대로 살아가야
  하는 게 아닌가 싶다.

Solution!

1. 우리는 살아남기 위해서 사는 것이 아니다

단지 살아남는 것이 목적이라면 얼마나 슬픈 현실일까? 살아
남는 것이 목적인 사람은 하루 세끼 밥을 먹고 숨을 쉴 수 있다
면 만족할 것이다. 하지만 우리 주위에는 다이어트를 위해 굶는
사람들과 자신이 숨 쉬고 있는지조차도 모르며 하루를 사는 이
들로 가득 차 있다. 그러면서도 아무런 목적 없는 삶을 하루하루
연명해간다. 생물학적인 생명만을 연명해간다는 것은 생각할 수
있는 능력을 준 신에 대한 모독일 것이다.

2. 고차원적인 목적을 세우자

인간은 살아남는 것 이상의 고차원적인 목적의식에 자극받는다. 남들보다 많은 연봉을 받고 높은 지위에 오르는 것에 급급한 나머지 보다 고차원적인 인생의 목표를 잊고 있는 것은 아닐까 생각해봐야 한다. 세상에 가치 있는 일을 하고 있다는 확신이 있는 사람은 목표의식을 잃어버리고 방황하는 일이 드물다. 그 목표가 숭고하기 때문이다.

3. 구체적인 목표를 적어보자

구체적인 목표가 아닌 것은 자극을 줄 수 없다. 갑부가 되겠다거나 전문가가 되겠다는 목표는 추상적이다. 어떤 분야에서 어떤 능력을 가진 전문가가 되어서 어떤 방법으로 일하는 사람이 되겠다는 것을 글로 표현할 수 있어야 구체적인 목표라고 할 수 있다. 삶에 자극이 없고 무료하게 생각될 때면 글로 구체적인 목표를 표현해보곤 했으며 그때마다 새로운 의지의 끈을 발견할 수 있었다.

목적의식을 잃었을 때
1. 우리는 살아남기 위해서 사는 것이 아니다
2. 고차원적인 목적을 세우자
3. 구체적인 목표를 적어보자

이기심과 열정을 구별하자

우리 사회는 지나치게 돈을 중심으로 돌아간다. 그러다 보니 돈을 벌 수 있는 능력이 그 사람의 모든 것을 판단하는 기준이 되어버렸다. 신랑감 후보 1순위는 안정적으로 돈을 잘 벌 수 있는 사람이며 신부감 후보 또한 가사와 일을 동시에 소화해낼 수 있는 슈퍼우먼이 된 지 오래다. 맞벌이를 하고 있는 친구는 아내가 회사를 그만두겠다는 말에 화를 내고 말았다고 했다. 미안한 마음에 아직은 그만둘 때가 아니라고 좋게 둘러대기는 했지만 아내를 달래기는 힘들었단다.

프란츠 카프카의 소설 《변신》에서 주인공 그레고르는 세일즈맨이다. 하지만 실적이 좋지 못하다. 돈 버는 능력을 점점 잃어가고 있다.

그러던 어느 날 아침 돈을 전혀 벌 수 없는 흉측한 몰골의 벌레로 변해 있는 자신을 발견한다. 돈을 못 벌게 될지도 모른다는 두려움이 자신을 벌레로 변하게 만들었을지도 모른다. 가족들은 애정으로 그를 대하려 노력한다. 그러나 그가 돈을 벌 수 있는 인간으로 돌아오지 못할 것이라는 사실을 확신하게 되면서 그와의 결별을 시도한다. 그레고르도 그런 가족의 시선을 느꼈을 것이다.

결국 그는 죽음을 맞이하지만 나는 그가 자신의 죽음을 선택한 것처럼 느껴졌다. 가족들은 그의 죽음을 계기로 새롭게 출발할 기회를 얻은 듯하다. 돈을 벌어서 먹고 살아야 하기 때문에 그들은 마음을 굳게 먹지 않을 수 없다.

우리는 《변신》의 배경이 된 '돈을 벌어야 하는 사회'를 아직 벗어나지 못하고 있다. 어쩌면 영원히 벗어나지 못할지도 모른다는 두려운 생각이 든다. 그래서 우리는 스스로 돈 버는 벌레가 되어 아침이면 우리를 벗어나 모이를 찾아 떠나는 것을 어떤 특권으로 생각하고 있는지도 모른다.

《관자》에 "창고가 차야 비로소 예절을 알고, 입을 것이 풍족해야 비로소 명예와 치욕을 안다"고 했지만 우리는 예절과 명예와 치욕을 알고 있으면서도 아직도 자신의 이기적인 창고를 채우지 못해서 안달하고 있다. 이것은 위험할 수도 있다. 이기적인 열정은 자신을 해치는 독소이기 때문이다.

이기적인 열정이 강한 사람은 다른 사람을 속이기 쉽다. 다른 사람을 속이기 위해서는 자기합리화를 해야 하니 자신의 양심까지도 속여야 한다. 끊임없는 자기합리화가 자신의 인격과 인생을 망친다는 사실은 그의 삶이 이미 망가진 이후에나 알게 될 것이다. 이기심은 자각증상이 없기 때문이다.

"먹고살 수 있는 범위를 벗어나 지나치게 돈을 추구하는 것은 위험한 일이야."

채권업체에서 일하는 친구에게 했던 말이다. 그는 이렇게 답했다.

"하지만 그 먹고살 수 있는 기본적인 돈이 없는 사람들의 입장에서는 목숨에 관한 문제야. 우리처럼 인생의 의미를 찾는 것은 그 다음 문제지."

당장의 끼니를 걱정해야 하는 사람에게 인생의 의미가 어쩌니 하는 이야기들은 사치일지도 모른다. 그러나 그것이 사람의 능력을 '다른 사람에게 얼마나 쓸모 있는가'에 따라 판단하는 세상을 합리화시키지는 못할 것이다. 사실 나를 슬프게 하는 것은 돈을 벌 수 있는 능력이 없는 사람은 사람으로서 제구실을 하지 못하는 사람이라고 낙인 찍는 우리의 태도이다.

이기심과 열정은 다른 것이다. 이기심은 자신의 욕구를 채우기 위해 다른 사람의 욕구를 무시하면서 이익을 추구하는 마음이지만 열정은 다른 사람을 배려하면서 자신의 성장을 추구하는 상생의 정신이다. 이기심이 다른 사람보다 뛰어나고 부유하고 싶다는 욕심에서 비롯된다면, 열정은 세상을 보다 아름답게 만들기 위해 자신의 역할을 다할 수 있도록 능력을 키워나가겠다는 의지에서 비롯된다. 이기심이 세상의 고통에 무책임한 자족의 것이라면, 열정은 세상의 고통을 짊어지고 같이 가겠다는 동포의식의 산물이다.

이기심과 열정을 구별해야만 하는 결정적인 이유는 우리 사회가 이기심을 부추기는 사회이기 때문이다. 이런 사회에서 자신의 올바른 심성을 잃어버리고 사회가 부추기는 욕구를 추종하다 보면 자신을 잃어버릴 수 있다. 돈을 버는 능력이 떨어진다고 해서 상대방을 무시하면 언젠가는 능력을 상실한 우리가 다른 사람에게 무시당할 것이다.

열정보다 이기심이 앞설 때

- 돈이 중요하다는 사실을 실감하는 순간이 찾아온다.
- 가족이나 친구들과 친분을 나누는 시간이 아깝게 느껴진다.
- 승진에 대한 욕구가 강해진다.
- 복권 같은 우연한 행운이라도 찾아와주었으면 하는 마음이 간절하다.

Solution!

1. 이기심의 결과를 생각하자

이기심으로 무엇인가를 이루었다고 해도 자신의 양심까지 속이기는 어렵다. 그래서 이기심이 강한 사람 중에는 승리하는 것조차 두려워하는 경우가 있다. 올바른 방법으로 승리하지 않았기 때문에 승리했다는 것 자체가 영광이 아닌 오욕이 된다. 자신은 그것을 안다.

2. 시장에 가보자

이기심이 강할 때 시장에 가보자. 재래시장에서 나물 한 묶음에 오백 원을 받기 위해 십리를 걸어온 할머니를 보는 것은 자신의 이기심을 정화하는 데 큰 도움이 된다. 시장뿐만 아니라 사람들의 땀과 인내의 냄새가 나는 곳은 어디에나 이기심과 공짜정신에 물든 우리의 마음을 정화시켜줄 요소들이 넘쳐난다. 선창가도 좋고 지하철 상가도 좋다.

3. 나는 강한 사람이라는 말을 되새겨보자

"욕망이 강한 사람은 진정한 강함이 없고, 진정으로 강한 사람은 욕망에 굴하지 않는다."

《근사록》에 나오는 말이다. 나는 이기적인 욕망에 굴하지 않는 건강하고 강한 사람임을 자신에게 확신시켜보자.

4. 좋은 작품을 읽자

좋은 문학 작품은 사람의 영혼을 맑고 건강하게 만든다. 노벨상 수상자인 윌리엄 포크너는 "문학은 인간이 어떻게 극복하면서 살아가는가를 가르쳐준다"고 했다. 훌륭한 글은 우리의 이기심을 뛰어넘어 보다 넓고 큰 열정과 사랑의 바다로 안내해줄 것이라 믿는다. 나는 아직 톨스토이, 헤르만 헤세, 셀린저, 셰익스피어와 카프카의 책들을 손에서 놓지 않고 있다. 문학에서 손을 놓으면 영혼의 건강을 지킬 수 없을 것 같다는 두려움 때문이다.

속도는 생활의 반영이다

$E=MC^2$

어느 날 상대성이론에 관한 책을 읽다가 이 이론이 우리의 생활과 일치하는 점을 발견했다. E는 빛의 에너지를 말한다. M은 질량이며 C는 빛의 속도, 즉 광속이다. 빛의 에너지는 질량과 속도의 제곱의 곱에 비례한다는 것이다.

우리 생활도 이와 다를 바가 없다. 삶의 에너지도 빛의 에너지가 작용하는 바와 같다.

삶의 에너지 E는 자신감과 행동(움직임의 속도)의 제곱의 곱과 비례한다. M은 자신감이며 C는 움직임의 속도를 말한다.

자신감이 강할수록 삶의 에너지는 커진다. 그리고 행동이 민첩하고 빠를수록 삶의 에너지는 또한 커진다. 경험에 의하면 여기서 자신감보다는 행동이 더 강한 영향을 미친다. 자신감이 부족한 사람도 행동함으로써 자신감을 얻을 수 있기 때문이다. 움직이는 속도가 빠른 사람은 삶의 에너지가 풍부한 사람이며 속도는 그가 가진 삶에 대한 에너지를 반영한다.

부지런히 뭔가를 하고 있는 사람들은 속도가 빠른 사람들이다. 식당에서 음식을 주문했을 때 주문한 음식이 얼마나 빨리 나오느냐는 그곳에 근무하는 사람들의 움직임에 따라 좌우된다. 그리고 그런 곳이 음식 회전율도 빠른 법이다. 쉽게 말해서 장사가 잘된다는 말이다. 하지만 빨리 움직이기는 하는데 질서가 없다면 그 속도는 무익할 것이다. 종업원들은 바삐 움직이는데 음식은 나오지 않고 서로 중복된 일을 하면서 갈팡질팡하는 식당을 보면 알 수 있다. 속도를 통제할 수 있는 사람이 진정으로 빠른 사람이다.

지식기반 사회로 접어들면서 속도가 중요한 이슈로 부각되고 있다. 갖가지 경영방법들은 사실 사회변화의 속도를 따라가기 위한 인간과 조직의 자구책일 뿐일지도 모른다. 인간들이 만들어놓은 시스템이 자체 구동능력을 가지면서 이제는 인간이 그 시스템의 속도를 따라가야만 하는 시대가 되고 말았다.

이런 시대를 살아가는 개인들에게는 더욱 힘든 삶이 기다리고 있다. 사회가 변하는 속도를 따라잡아야 할 뿐만 아니라 그에 앞서 조직이 원하는 속도부터 따라가야 한다. 그러자면 조직에서 원하는 학습 능력을 갖추어야 하고 자신의 일에 맞는 정보구축 능력도 갖추어야 한다. 하지만 대부분의 사람들이 세상이 원하는 능력을 갖추려고 애를 쓰는 동안 실제로 세상의 속도는 그들보다 훨씬 앞서 달리기 때문에 결코 속도를 따라잡지 못하고 만다. 속도를 지배하는 사람들은 소수의 사람들뿐이다.

어디로 튈지 모르는 럭비공처럼 인간이 속도를 예측해서 따라잡는 것은 무척이나 어려운 일이다. 사실 이런 럭비공을 예측하는 것보다도 럭비공 자체가 되거나 혹은 그것에 대해 아무런 관심을 두지 않는 것이 오히려 유익할 수도 있다. 속도를 따라가기만 해서는 추월할 수 없다. 오히려 그 자신이 속도가 되거나 아예 속도와 무관해지는 것이 승리의 비결이다.

뛰어남이 중요하지 않은 곳에서 뛰어나려고 애쓰는 사람은 바보다. 속도가 중요하지 않은 곳에서 지나치게 속도를 내는 사람 또한 어리석다. 우리 삶에서 속도는 중요하지만, 그것이 빨라야 한다는 말은 아니다. 정말로 빠른 것은 느리게 보인다. 아니 속도가 없어 보인다.

단테는 "지식이 깊은 사람은 시간의 손실을 가장 슬퍼한다"고 했다. 하지만 이렇게 아까운 시간을 우리는 세상의 속도를 따라잡지 못하고 있다며 한탄하면서 보내고 있다. 세상이 너무 빨리 변해서 우리에게 너무 많은 것을 요구하기 때문에 세상이 원하는 그것을 채워나가느라 아까운 시간을 소모하고 있는 것이다. 해결책은 그 반대로 생각하는

데 있다. 세상이 요구하는 것을 채워나갈 것이 아니라 내가 가진 것을 세상이 끌어안도록 만드는 것이다.

나 자신이 속도가 될 때 우리는 더 이상 시간에 쫓기지 않아도 된다고 믿는다. 자신만의 적당한 삶의 적당한 속도를 찾아야 한다. 그것을 스스로 통제할 수 있을 때 우리는 자유로운 사람이 될 수 있을 것이다.

세상이 너무 빨리 변하는 것이 슬플 때

- 나만 알아야 할 지식이 벌써 인터넷에 떠돌고 있는 것을 보면 화가 난다.
- 새로운 기술과 지식을 배워야 하는 것에 지쳤다.
- 어렵게 구한 자료를 나누어주는 것이 아깝게 느껴진다.
- 내가 벌써 구세대가 되었나 하는 생각이 들 때가 많다.

1. 기술을 배우지 말고 태도를 배우자

빌헬름 마이스트는 "나의 내장이 온통 쇠붙이로 차 있는데 좋은 강철을 만들어내는 게 내게 무슨 도움이 되겠는가. 그리고 내 결심이 아직 서지 않았는데 농가와 뜰을 정돈하는 게 무슨 뜻이 있겠는가"라고 말했다. 자기 스스로를 만들려고 하지 않는 사람이 세상의 기술을 배운다고 해서 자신을 채울 수 있을까? 우리가 배워야 할 것은 기술이 아니라 세상을 사는 태도다. 세상이 변하면 기술은 새로 배워야 하지만 태도는 그렇지 않다.

2. 자연스러운 것으로 받아들이자

변화를 자연스러운 과정으로 받아들이면 오히려 편안한 마음으로 두려움을 넘어설 수 있다. 내가 늙어가는 것, 배운 것이 무쇠처럼 녹슬어가는 것, 아이들이 내 말에 반기를 들고 나오는 것, 젊은 사람들이 나를 치고 올라가는 것, 이런 모든 것이 자연스러운 과정이다. 생성한 것은 변화하고 발전하다가 결국 소멸한다. 나 또한 그 과정에서 피할 수 없는 하나의 개체일 뿐이다.

3. 변화의 이면을 파악하자

본질은 항상 현상들 속에 몸을 숨기고 자신을 보여주지 않는다. 빠르게 움직이면서 변화하는 것처럼 보이는 현상들 속에는 어떤 본질이 숨어 있다. 그것을 정확히 찾아낼 수만 있다면 현상들의 변화는 아무런 문제가 되지 않을 것이다. 신문이나 뉴스에서 들려오는 세상의 소식들에 현혹될 것이 아니라 그 움직임의 근원을 찾도록 해보자.

세상이 너무 빨리 변하는 것이 슬플 때
1. 기술을 배우지 말고 태도를 배우자
2. 자연스러운 것으로 받아들이자
3. 변화의 이면을 파악하자

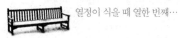
열정을 관리하자

순우곤이 맹자를 곤란에 빠뜨리기 위해서 물었다.

"형수가 물에 빠지면 손으로 끌어당겨 구해야 합니까?"

"형수가 물에 빠졌는데도 손으로 끌어당겨 구해주지 않는다면 그것은 승냥이 같은 짓이오."

"그렇다면 오늘날 천하가 도탄에 빠졌는데도 선생께서 끌어당겨서 구하지 않는 것은 왜 입니까?"

"천하가 도탄에 빠지면 도로써 건져내야 하고, 형수가 물에 빠지면 손으로 끌어당겨 구해야 하오. 그대는 내가 손으로 천하를 끌어당겨 구하기를 바라는 거요?"

물에 빠진 사람을 구하는 일과 세상을 구하는 일은 다른 일이다. 물에 빠진 사람에게는 신속한 행동이 필요하지만 세상을 구하는 일에는 사랑과 희생, 책임감, 성실함에 바탕을 둔 어떤 정신들이 필요한 것이다. 그리고 물에 빠진 사람을 구하는 일과 열정을 상실한 사람을 구하는 일 또한 다른 일이다. 열정을 상실한 사람에게 손을 뻗어본들 그 손을 잡을 리 만무하며 또한 어디서 그를 건져낸단 말인가?

열정을 상실한 사람을 건져내는 것은 그 스스로의 신념에 의해서여야 한다. 다른 사람의 개입으로는 일시적인 구조가 가능할지 모르지만 자기 삶을 건지는 것은 결국 자기 자신이다. 열정을 얻는 방법을 배워야 한다.

열정에는 몇 가지 특징이 있다.

첫째, 열정은 관리가 가능하다.

어떤 날은 기분이 좋아서 뭐든 하고 싶어지고 어떤 날은 슬퍼서 슬럼프에 빠진다. 우연히 이루어지는 듯한 열정의 상승과 하강은 우리가 열정을 관리하지 않기 때문에 일어난다. 하루에도 수십 번 일어나는 감정의 기복을 스스로 극복하지 못하기 때문에 열정을 관리하기가 어렵다고 생각하는 것일 뿐이다.

둘째, 열정은 지나치게 한꺼번에 쏟아내면 방전된다. 무엇인가를 해야겠다는 욕구가 강해서 지나치게 열정을 발휘하면 반드시 지치는 순간이 찾아온다. 그리고 그 순간은 적당한 열정을 충전할 수 있을 때까지 계속된다. 입시공부를 하는 수험생이 며칠 밤샘을 하고는 에너지를 모두 소비해서 다시 며칠을 잠으로 허비하는 것과 다를 게 없다. 벼

락치기 공부는 짧은 순간의 힘을 발휘하는 방법일 뿐 장기적인 삶의
에너지 관리방법으로는 부적합하다.

셋째, 열정에는 레벨이 있다. 열정의 수준은 사람마다 다르다. 그리
고 그 열정을 효율적으로 관리하는 수준 또한 다르다. 그래서 결정적
으로 열정을 잘 관리하고 높은 레벨을 꾸준히 유지하는 사람에게 승산
이 있는 것이다.

그렇다면 열정을 어떻게 관리하는 것이 좋을까?

적당한 절제를 생활화해야 한다. 열정을 못 이기는 사람은 하루 동
안 자신의 모든 것을 토해버리고 만다. 그러고는 다음날 쓰러진다. 마
치 친한 친구를 만나 밤새 좋은 이야기와 긍정적인 계획들을 쏟아내
고 나서 다음날 아무것도 하지 못하는 것과 같다. 열정을 절제하고 그
것을 적절히 배분하는 방법을 배워야 한다. 밤을 새고 싶은 열정을 일
찍 잠들고 일찍 일어날 수 있는 열정으로 나누거나 미래의 계획을 세
우는 열정으로 배분할 수도 있을 것이다. 일에 대한 열정을 가정에 대
한 것으로 전환하거나 휴일을 생산적으로 보내는 데 사용할 수도 있
을 것이다.

자신이 어디에서 열정을 얻을 수 있는지도 배워야 한다. 자신이 열
정을 얻을 수 있는 원천을 파악하는 것은 무엇보다 중요하다. 그래야
방전되었을 때 충전할 곳을 찾아갈 수 있지 않겠는가. 플러그에 전기
를 꽂아두듯 자신의 에너지를 공급하는 곳을 정확히 확인해두는 것이
중요하다.

마지막으로 열정을 사용하는 방법도 배워야 한다. 사용에 익숙하지

않으면 절제하거나 충전할 수 없다. 사용법을 모르면 아끼는 방법도 알 수 없다. 결국 어디에 사용할 것인지에 대한 결정이 사용법의 핵심이다. 아무 곳에나 자신의 열정을 쏟아 붓는 사람을 현명하다고 하지는 않는다.

탈무드에 마음에 관한 이야기가 있다.

인간의 모든 기관은 마음에 의해 좌우되고 있다.

마음은 보고, 듣고, 걷고, 서고, 굳어지고, 부드러워지고, 기뻐하고, 슬퍼하고, 화내고, 두려워하고, 거만해지고, 설득되고, 사랑하고, 미워하고, 부끄러워하고, 질투하고, 사색하고, 반성한다.

그러므로 세상에서 가장 강한 인간은 자신의 마음을 통제할 수 있는 인간이다.

열정을 어디에 사용해야 할지 모를 때

- 저녁시간이면 술 마실 기회를 찾아다니게 된다.
- 일을 너무 완벽하게 하려는 경향이 강해진다.
- 되도록 많은 일을 해놓고는 스스로 만족감을 느끼곤 한다.
- 밤새 책을 읽거나 TV를 보면서 아침을 맞이한다.

Solution!

1. 우선순위를 정해두자

열정은 사용되어야 한다. 그렇지 않으면 열병이 생길지도 모른다. 문제는 어디에 사용해야 하느냐이다. 우선순위를 미리 정해두면 도움이 된다.

① 내가 좋아하는 일
② 가정, 아이들
③ 친구와 지인들
④ 이 세 가지 일들이 잘되도록 돕는 부가적인 일들

　열정의 우선순위를 정해보는 것은 중요하다. 어느 곳에 에너지를 쏟을지 미리 생각해놓지 않으면 막상 일이 닥쳤을 때 당황하게 된다.

2. 상황에 따라 달리 대처하자

　우선순위는 상황에 따라 차이가 날 수도 있다. 평일에는 1번이 가장 우선순위가 되겠지만 휴일에는 1번이 2번보다 앞서서는 안 된다. 그렇게 되면 휴일의 의미는 없어지고 만다. 시기와 상황에 따라서 1번과 2, 3번을 자연스럽게 넘나들 수 있도록 에너지를 적절히 통제해야 한다.

열정을 어디에 사용해야 할지 모를 때

1. 우선순위를 정해두자

2. 상황에 따라 달리 대처하자

선택의
순간에
나를 돕는
인생의 참고서

4부

나를
돌아보고
싶을 때

Crisis and Solution

나를 돌아보고 싶을 때

눈에 보이지 않는 것이
더 중요한 법이다

사자가 성가시게 구는 모기에게 소리를 질렀다.

"꺼져버려, 이 작은 벌레야."

"뭐야? 내가 작은 벌레라고 깔보는 모양인데 사자 너보다 더 큰 황소
조차 나에게 벌벌 떤다는 사실을 아직 모르는군."

"네까짓 게 황소를 떨게 한다고? 웃기지 마."

약이 오른 사자가 모기에게 달려들었지만 모기는 콕 하고 사자의 콧
등을 물어버렸다. 화가 난 사자가 발톱으로 모기를 할퀴려 했지만 도무
지 잡지를 못했다. 그러다가 결국 자기 몸에 상처만 내고는 지쳐서 주
저앉고 말았다.

사자와의 싸움에서 이긴 모기는 우쭐해져서는 곧장 숲 속을 온통 휘젓고 다녔다. 자기가 사자를 이겼다고 자랑하며 다닌 것이다. 그러다가 그만 거미줄에 걸려 거미의 밥이 되는 신세가 되고 말았다.

거미줄은 눈에 잘 보이지 않는다. 그러나 눈에 보이지 않는다고 소홀히 했다가는 큰 봉변을 당하기 쉽다. 눈에 보이지 않는 것들이 우리의 생존을 좌우하는 경우는 얼마든지 있다.

나는 자기 스스로 생각하고 판단해서 행동하지 않으면 죽은 것과 다를 것이 없다고 생각한다. 육체적인 생명이야 하루 세 끼 밥을 먹고 적당히 움직여주면 되지만, 정신적인 생명은 밥을 먹고 몸을 움직인다 해서 유지할 수 있는 것이 아니다. 정신적인 생명은 언제나 자기 자신이고자 하는 마음의 태도가 갖추어져야만 그 생명을 유지할 수 있다고 믿는다. 그래서 세상이 '이렇게 하라'고 주장하는 말들을 나는 의심하고자 한다. TV 뉴스와 인터넷 기사들, 지나치는 사람들의 평가와 충고들. 그런 모든 것들이 의심의 대상이다.

이런 의심에서 나의 생각이 만들어진다고 믿는다. 그리고 세상과 다른 나만의 생각들이 오직 나의 정신적 생명을 유지시켜준다고 생각한다. 그 생각이 끊어지는 날 나는 육체적 생명만을 연명해나가는 동물이 될 것임을 안다.

"자기 지조를 굽힌 자가 남을 바르게 한 경우는 없다."

맹자는 이런 말로 세상에 커다란 가르침 하나를 던져주었다. 그러나 사실 이 말은 세상을 행해서 던진 말이라기보다는 불합리한 세상 때문에 흔들리는 맹자 자신의 마음을 다스리기 위해서 스스로에게 던진 다짐처럼 느껴진다.

맹자가 살던 시대는 열강들이 생존과 번영을 위해서 자국의 이익을 추구하던 무한경쟁의 시대였다. 격변의 상황에서는 뛰어난 사상가들이 나타났고 언제나 그들은 자신의 지조를 끝까지 굽히지 않았다. 그 때문에 세상에 한 획을 긋는 사상가로서의 자리를 잡을 수 있었던 것이다. 지조를 굽히고 세상이 원하는 방향으로 생각을 바꾸었다면 분명 그들은 역사의 뒤안길에서 사라지고 말았을 것이다.

자기 스스로 정한 원칙이나 믿음 같은 것들은 눈에 잘 보이지 않는다. 그것이 눈에 보이지 않기 때문에 우리는 쉽게 지조를 저버리고 보다 편리하고 쉬운 쪽으로 마음을 바꾼다. 이렇게 쉽게 지조를 바꾸면서 얻어지는 것이라고는 정신적인 생명의 고갈뿐이다.

우리는 다른 사람들에게 보여주기 위해서 인생을 살고 있는 것이 아니다. 우리는 자기를 세상 속에서 실현하기 위해서 살고 있는 것이다. 자기를 실현한다는 것은 무엇일까? 그것은 가장 자기다운 방법으로 세상을 살아간다는 것이리라. 다른 사람들의 생각이나 방법이 아닌, 자신이 옳다고 생각하는 바를 행동으로 옮기면서 자신의 가능성을 확인하고 자기만이 할 수 있는 일들을 통해 세상이 필요로 하는 요구들을 충족시켜나가는 것이다. 그런 과정에서 자기 자신은 확대되고 자유로울 수 있다. 자유는 자신을 세상에 실현시킴으로써 무한히 확대되는 성질의 것이다.

그러나 우리 사회는 하루에도 수십 번씩 내가 아닌 다른 사람들의 생각들로 살아갈 것을 설득해온다. 이런 사회를 살아가면서 온전히 자신을 지켜낸다는 것은 여간 어려운 일이 아니다. 좋은 습관을 만들어가야 하고 좋은 사람들과 좋은 책들을 만나야 한다. 또한 자신에 대한 용기도 지켜나가야 한다. 눈에 보이지 않는 신념은 가지는 것보다 지키는 것이 더 어렵다. 하지만 이것을 지키지 않으면 내 삶도 아무런 의미가 없어진다고 믿는다.

소신이 흔들릴 때

- 자신의 생각에 의구심이 생긴다.
- 적당히 타협하면서 사는 것이 현명한 것이라는 생각이 든다.
- 아무 생각 없이 사는 것처럼 보이는 사람들이 부럽다.
- 사람의 생각은 상황에 따라서 변해야 한다는 생각이 든다.

Solution!

    자기만의 소신이 흔들리는 경우는 흔히 있을 수 있다. 그러나 그것을 지켜내는 사람을 보는 일은 매우 드물다. 그래서 그런 사람을 만나는 것은 삶에 큰 즐거움을 준다. 아쉬운 것은 소신을 지켜내는 것을 마치 거대한 업적이라도 남긴 것처럼 떠벌리는 사람들이 있다는 것이긴 하지만…….

1. 상대방의 목적을 생각하자

    사람들은 자신과 다르다고 느끼면 일단 공격부터 하고 본다. 보호본능 때문이다. 다른 사람의 자기 보호본능에 따른 행동을 오해해서 그가 진리라고 생각하기 때문에 주장한다고 생각하기 쉽다. 상대방의 목적을 생각할 수 있어야 이런 오류를 피할 수 있다.

2. 결과를 생각하자

소신을 지키지 않았을 때의 결과를 생각해보자. 끔찍할 것이다. 그것만으로도 충분한 경우가 있다. 그와 반대로 소신을 지켰을 때의 결과를 생각해보자. 자신감은 쌓여갈 것이다. 두 가지를 동시에 고려해보면 나의 소신이 여전히 옳은 것인지를 확신할 수 있다.

3. 소신을 지키지 않으면 소신이 없는 것과 같다

정신적 생명에 대해서 생각해볼 시간을 갖는 것이 좋다. 소신을 지키지 않으면 소신은 없어진다. 소신을 가지고는 있지만 그것이 행동으로 지켜지지 않는다면 도대체 그 소신이란 것이 무슨 소용이 있을까? 소신을 가졌다며 좋아하고 있을 것이 아니라 그것을 지키고 있는지를 꾸준히 확인할 수 있도록 생각하는 시간을 늘려가자.

소신이 흔들릴 때
1. 상대방의 목적을 생각하자
2. 결과를 생각하자
3. 소신을 지키지 않으면 소신이 없는 것과 같다

바쁘다는 것보다
무엇 때문에 바쁜지가 더 중요하다

어느 날 정신이 없는 사람이 길을 가는데 갑자기 배가 아파왔다.

사방을 둘러보니 오는 사람도 없고 볼 사람도 없겠다 싶어 길 옆 숲으로 달려가서는 얼른 바지를 내리고 쭈그리고 앉았다.

"뿌지직."

시원했다. 볼일을 다보고 일어나 바지춤을 올리려는 순간 갑자기 풀숲에서 개구리 한 마리가 튀어올라 오줌을 찍 쌌다.

"어이쿠."

정신없는 사람은 개구리에게 놀라서 그만 뒤로 풀썩 주저앉고 말았다. 그 바람에 방금 자기가 눈 똥 무더기를 엉덩이로 깔아뭉개고 말았다.

"아니, 어느 놈이 이곳에 똥을 누고 간 거야!"

정신없는 사람은 얼굴을 찌푸리면서 화를 냈다.

"에이 재수 더럽게 없는 날이군."

투덜거리며 그는 정신없이 길을 다시 가기 시작했다.

딸 서현이가 보는 동화책의 한 대목이다. 웃고 넘어가지만 왠지 마음이 편치가 않다. 우리 또한 그 정신없는 사람들과 다를 것이 별로 없지 않은가.

서울에서 보험회사에 다니는 친구의 집에 갔을 때 재미있는 광경을 보았다. 넥타이를 풀지 않고 묶어둔 채로 옷걸이에 걸어놓았던 것이다. 친구에게 왜 그랬냐고 물었더니 이렇게 답했다.

"그래야 다음날 다시 매는 수고를 덜 수 있거든. 서울은 출근길이 전쟁이야, 전쟁."

넥타이를 고쳐 맬 수 없을 정도로 아침이 바쁘다면 생활에 문제가 있다는 증거일 것이다. 서울의 출근길이 전쟁이 아니라 친구의 출근길이 전쟁일지도 모른다. 아무튼 그 광경을 보고는 웃지 않을 수 없었다. 그 정도로 바쁘다면 다른 생활은 안 봐도 뻔하기 때문이다.

친구에게 이렇게 묻고 싶었지만 참았다. 괜한 심기를 건드릴 필요는 없으니까.

'정말 바빠서 정신이 없는 거야? 아니면 정신이 없기 때문에 바쁜 거야?'

논어에 이런 구절이 있다.

"옛날의 학자들은 자신에게 충실하기 위해 학문을 했고, 오늘날의
학자들은 남에게 보이기 위해 학문을 한다."

이 말은 공자의 시대보다 오히려 우리 시대에 더 적합한 말이 아닌
가 싶다. 남들에게 보여주기 위해 책을 사고, 상사가 있을 때에만 열심
히 전화를 받고, 부모님이 있을 때에만 책상 앞에 앉아 공부를 하는 우
리들에게 말이다. 남에게 보여주기 위해 하는 공부가 제대로 된 공부
일 리 없다. 그것은 다른 사람에게 보여주기 위한 인생을 사는 것과 진
배없을 것이다.

영화 〈트루먼 쇼〉를 보면서 사람들은 남들에게 보여주기 위한 인생
을 살고 있는 트루먼이 TV 세트에서 탈출해서 자신의 진정한 인생을
살았으면 하고 바란다. 하지만 실제 자기 삶은 트루먼의 그것과 무엇
인 다른지 알지도 못한다. 우리는 또 하나의 TV 세트 속에서 살고 있
을지도 모르는 일이다. 우리가 무엇 때문에 바쁜지 혹은 바빠야 하는
지 알기 전까지는…….

《근사록》에 정명도 선생에 관한 일화가 있다.

항상 바쁘다고 떠벌리고 다니는 사람이 있었다. 어느 날 그를 지켜
보던 정명도 선생이 물었다.

"무엇 때문에 그렇게 바쁘신가요?"

"처리해야 할 문제들이 많기 때문에 그렇지요."

"처리해야 할 문제들이라면 나도 충분히 있다오. 그렇지만 나는 그

렇게 바쁘다고 생각해본 적은 없소.”

　당신의 생활이 바쁘고 정신없다면 무엇 때문에 그런지 생각해보자. 혹시 다른 사람에게 바쁘게 보이기 위해 정신없이 살고 있는 것은 아닐까. 다른 사람들이 내 삶의 진실성에 대해서 물어왔을 때, ‘그래도 나는 열심히 살았어’ 라는 변명을 남기기 위해 정신없이 살고 있는 것은 아닐까?

다른 사람에게 내 인생을 말하는 것이 두려울 때

- 무슨 말을 하기는 해야 하는데 할 말은 없고, 결국 남의 이야기를 듣다가 시간을 다 보내게 된다.
- 남들은 나를 과묵한 사람이라고 말하지만 사실은 할 말이 없기 때문이다.
- 잘난 척하는 사람들을 보면 화가 나서 참을 수가 없다. 하지만 아무 말 못한다.

Solution!

1. 다른 사람의 자기 자랑에 연연해하지 말자

글을 쓰거나 강연을 하다 보면 강하게 말하고 싶을 때가 있다. 보통 두 가지 경우인데 하나는 청중들이 전혀 재미를 느끼지 못해서 무미건조한 교육이 진행되는 경우이고, 다른 하나는 청중의 반응에 너무 흥이 나서 내가 오버한 경우이다. 첫 번째 경우 내 지식이 부족하거나 다른 사람을 만족시킬 만한 내용을 갖고 있지 못하다는 증거가 된다. 원래 자랑할 것 없는 사람들이 목소리만 큰 법이 아닌가. 다른 사람의 자랑에 연연해하지 않으면 스스로를 보호하거나 자랑할 필요를 느끼지 못한다.

2. 말이 많으면 신뢰를 얻기 어렵다

말하기 좋아하는 사람들이 허구가 많다는 사실을 현명한 사람들은 다 알고 있다. 내가 느끼기에 허풍쟁이라면 다른 사람들도 그를 허풍쟁이라고 생각할 것이다. 단지 겉으로 드러내서 표현하지 않을 뿐이다. 그러므로 현명한 당신이 허풍쟁이의 반열에 끼기 위해 스스로를 드러내려 애쓸 이유가 없다. 말을 많이 하게 되면 그만큼 실천하기가 어려워지므로 다른 사람들로부터 인정을 받기는 더욱 어렵다.

3. 약점은 인간적인 느낌을 준다

당신은 부족한 모습을 보여주는 것이 부끄러울지 모르지만 당신의 그런 모습을 보면서 사람들은 즐거워한다. 그리고 마음의 문을 열고 당신을 자연스러운 모습으로 받아들인다. 약점이 오히려 장점이 된다. 그러므로 약점이라 해서 감추고 있을 것이 아니라 자연스럽고 솔직하게 드러내는 것이 오히려 인간적인 매력이 될 수 있음을 기억하자.

4. 표현은 나를 발견하는 기회가 된다

"자신을 이해하는 사람을 얻기 위해 자신을 그에게 맞출 필요는 조금도 없다. 우리는 다른 사람에게 이해받기 위해서 전달을 줄이면 안 된다. 그와는 반대다. 우리가 스스럼없이 전달할수록 그만큼 더 많이 우리 자신에 대해서 알게 된다. 이것만이 중요하다."

마틴 발저의 말이다. 스스로를 표현하면서 우리는 우리에 대해서 더 많은 것을 발견하게 된다. 자신을 표현하면서 스스로에 대해서 살펴볼 수 있는 기회를 얻을 수 있다.

다른 사람에게 내 인생을 말하는 것이 두려울 때

1. 다른 사람의 자기 자랑에 연연해하지 말자

2. 말이 많으면 신뢰를 얻기 어렵다

3. 약점은 인간적인 느낌을 준다

4. 표현은 나를 발견하는 기회가 된다

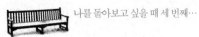
나를 돌아보고 싶을 때 세 번째…

버릴 수 있을 때 얻을 수 있다

두 농부가 이웃하며 살고 있었다. 어느 날, 아랫집에 사는 농부가 윗집에 사는 농부에게 물통을 빌리러 왔다.

"사흘만 쓰고 돌려줄 테니까 빌려주게."

"알았네. 사흘 후에 나도 쓸 일이 있으니 꼭 가져다주게."

아랫집 농부는 물통을 빌려 온 첫날, 물을 담아서 썼다. 그리고 나머지 이틀은 술을 담아 술통으로 썼다. 손님들에게 대접하기 위해서였다. 사흘이 지나고 아랫집 농부는 물통을 윗집 농부에게 돌려주었다.

"아주 잘 썼다네."

윗집 농부는 빌려주었던 물통에 물을 담아 썼다.

'참 이상한 일이구먼. 물통에서 왜 술 냄새가 날까?'

농부는 술 냄새를 지우려고 물통을 여러 번 깨끗하게 씻어서 햇볕에 말렸다. 하지만 술 냄새는 없어지지 않았다.

"허허, 이제 물통으로는 못 쓰겠군."

결국 윗집 농부는 물통을 똥통으로 쓰기로 했다.

러시아 우화에 있는 이야기 한 토막이다.

우리의 마음도 물통과 같아서 어떤 것을 채우느냐에 따라 그 용도가 완전히 달라진다. 그리고 그 냄새는 오랫동안 변치 않는다. 자신의 마음에 자기 극복의 의지를 채워 넣을 수도 있고 자기기만의 사슬로 장식할 수도 있다. 그것을 채우는 사람들은 바로 자신이며 그 책임도 바로 자신에게 있다.

우리는 너무 풍풍하다. 가진 것이 너무 많다. 그리고 더 큰 문제는 가진 것이 너무 많다는 사실조차 모른다는 것이다. 그 말은 무엇을 가졌는지조차 모르고 있다는 말이다.

그렇다면 문제는 무엇을 구조조정 할 것인가 하는 점에 달려 있다.

사람들은 몸무게를 줄이는 데는 익숙하지만 마음의 무게를 줄이는 데는 익숙하지 않다. 가지치기를 하듯 우리 정신의 잔가지들을 정리하는 것은 자신을 보다 냉철하게 살피고 자기를 넘어설 결의를 다지는 데 큰 도움이 된다.

우리가 가장 먼저 줄여야 할 것은 허위의식이다. 없으면서 있는 척하고 있으면서 더 크게 있는 척하는 의식은 정신적 잠재력을 갉아먹는 아편과 같다. 허위의식을 버리지 못하면 도전의식이 싹트지 않는다. 자신을 뛰어넘기 위해서는 스스로의 모습을 있는 그대로 볼 수 있는 자신감이 선행되어야 하기 때문이다.

또한 우리는 우리 사회가 강요해온 비뚤어진 가치관들을 없애나가야 한다. 찰스 핸디는 '자본주의 체제에서 돈은 많은 것을 살 수 있는 구매력을 주지만, 그런 물질적 욕구가 충족된 이후의 삶의 목적마저 제공해주지는 못한다'고 했다. 자본이 강요하는 자본축적의 논리를 넘어서지 못하면 진정한 우리 자신을 만날 수 있는 기회는 없을 것이다. 보람 있는 인생을 영위하려면 사회가 강요하는 행복의 기준을 넘어 자신의 기준과 목적을 반드시 가지고 있어야 한다.

공짜의식 또한 박멸시켜야 한다. 땀 없이 얻으려는 마음, 남들보다 편한 인생을 살려는 생각들을 떨쳐버릴 수 있어야 한다. 남들이 무엇을 해줄 것이라고 기대하기 시작하면 무엇인가를 시도할 수 있는 기회를 놓칠 뿐만 아니라 성실한 태도마저 잃어버리게 된다. 결국 공짜의식은 게으름의 다른 이름일 뿐이다. 게으름이 생각과 몸을 지배할 때 우리는 육체적 죽음보다 더 무서운 정신의 죽음을 경험하게 될 것이다.

단순함은 미덕이다. 단순함은 새로운 출발을 의미하며 다른 것을 얻을 수 있는 여유를 준다. 복잡한 생각으로 꽉 찬 사람이 좋은 아이디어나 새로운 지식을 얻을 수 있는 기회는 상대적으로 적을 수밖에 없다. 우리는 자신을 줄이면서 동시에 얻을 수 있다.

진정으로 자신을 사랑하는 사람은 극복의 의지를 통해 자신을 버릴 수 있는 사람이다. 자신을 버리지 않고서 어떻게 자신을 사랑한다고 할 것인가. 그러나 그것은 버린 경험이 있는 사람만이 알 수 있는 진실이다. 그러므로 감히 권하건대 자신을 버려라. 먼저 버릴 수 있을 때 의미는 뒤따를 것이다.

자신이 너무 무겁다고 느껴질 때

- 무엇이 중요한지에 대한 판단이 흐려진다.
- 사무실 책상 위, 집 안, 가방 속 모든 것이 엉켜 있다.
- 걱정거리가 많아진다. 아는 것이 병이 된다.

Solution!

1. 환경을 정리하자

몸과 마음이 무거운 것은 실제로 마음속에 찌꺼기들이 꽉 차 있기 때문이기도 하지만 주변의 환경 때문인 경우도 많다. 그래서 때로는 책상 위를 깔끔하게 정리하거나 집안 청소를 말끔하게 하는 것만으로도 기분이 좋아진다. 그러나 그것은 일시적인 방편이라는 사실을 알아야 한다.

2. 중요한 것의 기준을 세우자

머리가 무겁고 복잡하고 자신의 생각이 참신하지 않다고 느껴지는 것은 중요한 것에 대한 기준이 없기 때문인 경우가 많다. 무엇을 해야 할지 기준이 없을 때 생각의 혼란에 빠지고 만다.

3. 필요 없는 정보를 차단하자

"남이 자신을 알아주지 못할까 걱정하지 말고 내가 남을 제대로 알아주지 못함을 걱정하라." "하늘에 죄를 지으면 빌 곳이 없다." 논어에 나오는 이 말은 마음의 건강함을 유지하려면 평소에 자신을 경계하면서 살아가야 함을 경고하고 있다. 하루에도 수없이 밀려오는 쓸데없는 정보들이 마음에 유입되는 것을 차단해야 한다. 정보라고 다 좋은 것이 아니다. 쓰레기 정보는 혼란만 가중시킨다.

자신이 너무 무겁다고 느껴질 때

1. 환경을 정리하자

2. 중요한 것의 기준을 세우자

3. 필요 없는 정보를 차단하자

도움이 안 되기 때문에 포기하는 것이 아니라
포기했기 때문에 도움이 안 되는 것이다

독서에 관한 강연회장에서 한 주부를 만났다. 초등학생과 중학생
자녀를 둔 어머니였다.

"저, 아이들이 도통 책을 읽지 않아요. 어떻게 하면 좋을까요?"

"가장 좋은 방법은 가정이 책 읽는 분위기가 되도록 하는 것입니다.
그러려면 먼저 부모님들이 모범을 보여서 책을 읽으셔야 하겠지요."

"예, 그래서 저도 집에서 틈틈이 책을 읽으려고 노력했습니다. 그런
데 결국 포기하고 말았습니다. 제가 아무리 책을 읽어도 아이들이 따
르지 않더라구요."

"물론 그랬을 겁니다."

"예? 무슨 말씀이신지… 조금 전에는 부모들이 책을 읽으면 아이들도 따라할 거라고 말씀하시지 않으셨나요?"

"그랬지요. 제 말씀은 부모님께서 책을 읽다가 아이들이 따라하지 않는 것 같아서 포기했기 때문에 아이들도 책읽기를 포기했다는 말씀입니다. 아이들이 부모님을 따라서 같이 책을 읽기 위해서는 오랜 시간이 걸립니다. 그런데 부모님들은 금방 포기하고 말지요. 왜냐하면 부모님들이 책읽기를 싫어하기 때문입니다. 책읽기를 싫어해서 금방 포기하시고는 아이들에게 모범을 보여봤자 소용없다고 말씀하시는 경우가 많습니다. 혹시 그런 경우가 아닌지 생각해보시기 바랍니다."

"……."

사람이 변화를 거부하는 이유 중 하는 그 변화를 위한 움직임에 자신감이 없기 때문이다. 특히 변화를 위한 행동이 평생 배워보지도 못한 난해한 것이라면 우리는 어떤 이유를 만들어서라도 그 움직임을 거부하려 할 것이 분명하다. 익숙하지 않고 잘하지 못하는 부분을 해야 한다는 압력이 생기면 먼저 거부감부터 드는 것이 사람의 마음이 아닌가.

슈바이처는 "모범을 보이는 것은 사람을 이끄는 최선의 방법은 아니다. 모범을 보이는 것은 사람을 이끄는 전부다"라고 말했다. 모범을 보이는 것이 리더십의 핵심이라는 말이다. 리더십에 관한 교육을 받은 중간 간부들은 모범을 보이는 것이 최선의 리더십이라는 사실을 알고 있다. 그러나 교육을 받은 얼마 후 모범을 보이는 일을 포기하고는 이렇게 말하곤 한다.

"잘해주면 기어오르려고 해요."

"내가 먼저 모범을 보이면 자기 일을 내가 대신 해줘서 좋아하기는 하죠. 하지만 그걸로 끝이에요."

자신이 부하 직원일 때부터 해왔던 일을 상사가 되어서 또 하려고 하니 부아가 치밀 만도 하다. 그래서 권위적인 옛 상사들의 방식을 보상심리에 따라 답습하고 있는지도 모른다. 그러면서도 자신의 게으름과 인내심 부족, 믿음의 부재를 '소용없다'는 말로 합리화하려 한다.

많은 직장인들이 아직도 일을 제대로 하기 위해서는 회사가 무엇인가를 제대로 준비해주어야 한다고 믿고 있다. 그 준비가 되었을 때 자신은 행동으로 뭔가 보여줄 수 있다고 생각한다. 인간관계에서도 상대방의 잘못을 꼬집어 말하기를 좋아하고 그가 잘못되었기 때문에 일이 이 지경이 되었다고 믿으려 한다. 결코 책임을 자신에게 돌리는 일이 없다.

언젠가 서비스 교육 시간에 교육생 한 명이 손을 들어서 이런 말을 한 적이 있다.

"정말 서비스 교육이 필요한 사람은 이런 교육에 참석을 하지 않습니다. 이것이 가장 큰 문제라고 생각합니다."

그의 말에 이렇게 대답해주었다.

"그 서비스 교육이 필요한 사람은 지금 무슨 생각을 하고 있을까요? 방금 말씀하신 분이야말로 서비스 교육이 정말 필요한 사람이라고 생각하고 있지는 않을까요?"

같이 웃고 말았지만 그냥 넘기기에는 마음이 아프다. 우리는 다른 사람을 비난함으로써 나의 의무를 희석시키고 권한을 약화시킨다. 언제쯤 우리는 자신의 게으름과 인내심 부족을 스스로 인정하고 자신의 인생에 책임지는 자세를 가질 수 있을까?

하루는 제우스가 잔치를 벌여서 자신이 만든 모든 동물들을 초대했다. 그런데 다른 동물들은 다 왔는데 유독 거북이만 보이지가 않았다.

제우스가 나중에 거북이를 불러서 따로 물어보니 거북이는 이렇게 말하는 것이었다.

"뭐니 뭐니 해도 자기 집이 제일 편한 것 아니겠습니까?"

그 말에 화가 난 제우스는 그때부터 거북이 등에 평생토록 제 집을 지고 다니게 만들어버렸다고 한다.

우리도 거북이처럼 등에 짐을 지고 다닌다. 그 짐이란 다름 아닌 공짜정신이다. 행동은 하지 않으면서 좋아하는 것은 이루고 싶어 하는 그 공짜정신이야말로 우리들 마음속에 있는 짐이다.

건강한 삶을 위한 다이어트가 유행하고 있는데 그것이 유행하게 되는 이유는 사람들이 다이어트에 실패하고 있기 때문이다. 성공하고 있다면 그것을 또 시도하거나 할 필요가 없을 것이다. 가끔은 '나는 물만 먹어도 살이 찐다'고 말하는 사람이 있다. 하지만 의사들은 물만 먹어서 살이 찌는 사람은 없다고 말한다. 물만 먹어도 살이 찌는 진짜 이유는 오직 칼로리가 높은 음식을 많이 먹기 때문인 것이다.

책을 읽어도 자기발전에 도움이 전혀 안 된다고 말하는 사람들은 책을 잘 읽지 못하는 사람들일 가능성이 많다. 또한 책이 자기 인생에 큰 도움이 안 된다고 말하는 사람들의 가방에는 책이 들어 있지 않은 경우가 많다. 읽어보지도 않고 도움이 안 된다고 말하는 이유는 그에게 책읽기가 그만큼 힘들기 때문이다. 중도에 포기하고서는 그것이 도움이 안 되서 그만두었다고 말하는 것과 같다. 사실은 중도에 그만두었기 때문에 도움이 안 된 것인데도 말이다.

내가 하고 있는 일의 대부분이 그렇지 않을까 싶다. 내가 이런 일을 해보겠다며 자신 있게 프로젝트 안을 들고 나오는데 대부분의 사람들이 "안 돼. 그거 나도 해봤어"라고 말한다면 어떻게 해야 할까? 당신이 실패한 이유는 중간에 그만두었기 때문이라고 할까? 아니면 당신의 방법은 나의 방법과 다르니 나는 할 수 있다고 말해야 할까?

책읽기가 싫어질 때

- 읽는 속도가 빨라진다.
- 조급해지고 마음만 앞서서 빨리 성과를 보고 싶다는 생각이 든다.
- 성과가 별로 없다는 생각이 들면서 예전의 책을 꺼내 읽어보기도 한다.
- TV나 신문 쪽으로 손이 가고 끊었던 술이나 담배 생각이 자주 난다.

Solution!

1. 쉬운 책을 읽자

자신의 수준보다 어려운 책을 읽으면 집중력이 떨어진다. 당연히 오랫동안 책을 읽기 힘들다. 이때 쉬운 책을 읽는 것은 도움이 된다. 최근에는 소설형식을 빌려서 삶의 의미와 열정을 되살려주는 책들이 자주 발간되고 있다. 두께도 얇아서 한두 시간이면 다 읽을 수 있다. 이런 쉬운 책들을 틈틈이 읽어주면 쉬운 내용으로 열정을 살릴 수 있는 계기가 만들어짐과 함께 책 한권을 읽어냈다는 자신감까지도 얻게 된다.

2. 하나를 실천하자

예전에 읽었던 책 중에서 가장 마음에 드는 한 구절을 골라서 그 내용에 따라 실천하는 연습을 해보자. 책읽기가 싫어질 때는 자신의 책읽기가 현실에 적용되지 못하는 뜬구름 잡기가 아닌가를 반성해볼 필요가 있다. 한 구절의 의미를 파악하고 실천하는 것만으로도 책에 대한 에너지를 금방 회복할 수 있다.

3. 생각을 확장시키자

백면서생(白面書生)이란 글만 읽어 세상 물정에 어둡고 경험이 없는 사람을 이르는 말이다. 그들은 우리 삶에서 중요한 역할을 해내지 못하고 오직 책 속에 갇혀서 자기 자신을 잃어가고 있는 사람들에 불과하다. 책을 읽으면서 자신의 생활이나 현실과 비교하면서 일에 적용시키려고 노력해야 한다는 말이다. 책읽기에 지치는 현상은 책의 내용을 자기 생활에 적용시키는 데 실패하거나 그런 고민 없이 읽기를 반복한 경우에 찾아온다.

논어에 "배우기만 하고 생각하지 않으면 막연하여 얻는 것이 없고, 생각만 하고 배우지 않으면 위태롭게 된다"고 했다. 읽으면서 그것을 자신의 생활에 비추어 사고를 확장해나가야 한다. 그렇게 되면 다른 책에서 읽었던 내용이 기억날 것이고 두 내용은 연결된다. 이렇게 생각을 확장시켜나가면 큰 생각의 틀 하나를 얻을 수 있다. 그 재미는 해보지 않은 사람은 알 수 없다. 그것이 바로 학문의 즐거움이 아닌가.

책읽기가 싫어질 때

1. 쉬운 책을 읽자

2. 하나를 실천하자

3. 생각을 확장시키자

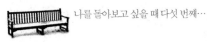
나를 돌아보고 싶을 때 다섯 번째…

돈과 명예, 모두를 추구하지 말자

박 서방이 농사를 지었는데 무 농사가 아주 잘되어서 큰 황소만 한 무가 나오자 지나가는 사람이 모두 부지런한 박 서방을 칭찬했다.

'이렇게 큰 무를 혼자 먹을 수는 없는 일이고 누구와 나눠 먹을까?'

박 서방은 생각 끝에 고을 사또에게 무를 바치기로 결심을 했다. 사또에게 바치면 고을 사람들에게 골고루 나누어줄 것이라고 생각했던 것이다. 그는 큰 무를 지고는 관아로 찾아갔다.

"사또 나리, 무 농사가 아주 잘되어서 나눠먹으려고 가지고 왔습니다."

"어허, 이렇게 고마울 때가 있나. 귀한 선물을 받았으니 나도 보답을 하고 싶네."

사또는 이방을 불러서 요즘 들어온 관아의 물건 중에서 귀한 것이 무엇인지를 물었다.

"예, 사또. 큰 황소 한 마리가 있는데 저 무의 크기와 비슷할 것 같사옵니다."

"잘되었군. 박 서방에게 황소를 줄 테니 박 서방은 소를 잘 부리도록 하라."

이 소식을 들은 같은 동네에 사는 김 서방은 귀가 솔깃해져서는 욕심이 생겼다.

'무 하나를 바치고 황소 한 마리를 얻었으니 황소 한 마리를 바치면 엄청난 횡재를 할 수도 있겠군.'

김 서방은 곧 외양간으로 가서 황소를 끌어내고는 곧장 관아로 달려갔다.

"사또 나리, 제가 수년간 길러왔던 황소 중에서 제일 크고 튼튼한 황소가 있어서 가져왔습니다. 백성들에게 도움이 되는 곳에 사용할 수 있도록 사또께 바칠까 합니다."

"허허, 이렇게 큰 선물을 가져오다니……."

사또는 또 이방을 불러서는 최근에 들어온 것 중에서 가장 귀한 것이 무엇인지를 물었다.

"예, 아주 큰 무가 하나 있습니다. 크기가 꼭 이 황소만합니다."

"그거 잘되었다. 그 무를 이 농부에게 주도록 해라."

김 서방은 큰 무를 등에 지고 툴툴거리며 돌아와야 했다.

억지로 하는 일이 즐거울 리도 없고 결과가 좋을 리도 없다. 사람마다 가진 즐거움의 기준은 다를 것이다. 박 서방의 기준이 '나눔'이라면 김 서방의 기준은 '이익'이었다. 그러나 나눔은 우리에게 또 다른 혜택으로 돌아오는 반면 이익은 불이익이 되는 경우가 많다. 고객들에게 좋은 제품으로 자신의 가치를 나누는 사람과 좋지 않은 제품을 속여서 이익을 구하는 사람은 그 결과가 판이하게 다를 것이다.

찰스 핸디는 《코끼리와 벼룩》에서 권력을 내주고 영향력을 가져오는 삶에 대해서 말하고 있다. 그리고 그런 사람들의 기쁨에 대해서 이렇게 썼다.

"권력을 내주고 영향력을 받아온 사람이 가장 기쁘게 생각하는 순간은, 자신이 세상에 유포시킨 아이디어가 생전 만나본 적도 없는 사람에 의해서 채택되고 또 사용된다는 것을 발견하는 때이다."

그들은 권한을 행사해서 주도하는 것보다 자신이 생산한 가치를 다른 사람이 나누고 있다는 사실에서 즐거움을 찾는다. 권한을 행사하고 주도하는 사람은 그 권한을 가지고 있는 동안에만 사람들이 따르기 때문에 권한이 사라지면 그도 함께 사라진다. 반면 자신의 가치를 생산해서 그것을 나누는 사람은 스스로 가치를 생산하는 기쁨을 얻을 수 있을 뿐만 아니라 나누는 사람이 많을수록 그의 영향력은 더욱 커진다.

스티븐 코비는 "당신이 조금만 변하기를 바란다면 당신의 행동을 바꿔라. 그러나 획기적으로 변하기를 원한다면 사고의 패러다임을 바꿔라"고 했는데 자신의 이익이 아닌 '나눔에서 즐거움을 얻는다'는 것이야말로 획기적인 변화를 위한 패러다임의 전환이 될 것이다. 이익을 추구하면 끝이 없다. 나눔을 추구해도 끝이 없다. 그러나 그 행복의 수준은 다르다. 이익의 추구는 끝없는 갈망을 낳지만 나눔의 추구는 어떤 의미를 가져다준다.

지금은 퇴직한 예전의 상사가 했던 말이 아직 머릿속에 남아 있다.

"내가 직장생활 삼십 년을 했는데 그동안 배운 것이 한 가지가 있어. 사람은 돈과 명예 둘 다를 추구하다가는 반드시 잘못된다는 것이야. 이론적으로 설명할 수는 없지만 돈과 명예는 양립할 수 없는 뭔가가 있는 것 같아. 우리는 돈이냐 명예냐 중 하나를 선택해야만 하지. 인생 선배로서 하는 말인데 나 같으면 명예를 택하겠어."

지금 생각해보면 그 분이 말했던 돈은 일종의 권력 같은 것이었고, 명예는 사람을 대하는 올바른 태도가 아니었나 싶다. 돈과 승진을 위해서 매진할 것인지, 사람들과 같이 호흡하며 올바르게 자신의 일을 성실하게 수행해나갈지를 선택해야 한다는 의미였던 것이다. 퇴직을 눈앞에 둔 직장생활의 베테랑이 지난날을 돌아보면서 던진 삶의 진실이 담긴 가치 있는 교훈을 잊지 않으려 노력하고 있다.

우리는 삶의 매 순간에 세상을 보다 나은 곳으로 만들기 위해 무엇인가를 할 수 있다. 친절한 말과 반가운 표정으로 사람을 즐겁게 할 수도 있고 환경을 보호하고 동물을 사랑함으로써 세상의 생명을 유지하고 아름답게 만드는 데 동참할 수도 있으며 자신이 가진 것을 다른 사람들과 함께 나눔으로써 자신을 더욱 커지게 할 수도 있다. 그러나 그 결정은 오직 우리 손에 달려 있으며 그에 따라 세상의 모습도 변할 것이다. 세상이 좋은 모습으로 가득 차길 원한다면 나 자신이 먼저 좋은 모습을 보여야 한다고 믿는다.

소유욕에 빠졌을 때

- 친구나 동료들에게 밥 한 끼 사는 것이 아깝게 느껴진다.
- 돈이 드는 모임이나 학원에는 가고 싶지 않다.
- 노후나 미래에 대한 걱정이 지나치게 많아진다.

Solution!

1. 자신에게 질문을 던지자

이익이 아니라 나눔에서 의미를 찾고 싶을 때는 이런 질문을 던져보자.

"나는 자신을 속이고 싶은가?"

2. 자신에게 대답을 내려보자

'나는 자신을 속이고 싶은가' 라는 질문에 대해서 이렇게 답을 내려보자.

"나는 자신을 속이고 싶지 않다."

그런 다음 이 답을 잊지 않도록 손바닥에 적어두기도 하고 머릿속에 꼭꼭 각인시키려고 노력하면서 행동에 옮기자.

3. 돈을 버리고 영향력을 얻는다고 생각하자

소유하고 있는 것을 버리고 나누면 사람을 얻게 된다. 사람은 바로 내가 가진 영향력을 대변해준다. 좋은 사람들은 항상 주위에 많은 사람들이 있고 그들이 그를 도와준다.

소유욕에 빠졌을 때
1. 자신에게 질문을 던지자
2. 자신에게 대답을 내려보자
3. 돈을 버리고 영향력을 얻는다고 생각하자

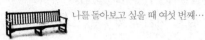

조급함이 자신을 망친다

"저 친구는 너무 느려. 저래 가지고 뭘 하겠어."

"그는 너무 고지식해. 사람이 유연성이 있어야지 말이야."

"실패작이야. 더 이상 진행하는 건 무리야. 이쯤에서 그만두자고."

우리가 자주 하는 말들이다. 우리는 자신이 많은 것을 알고 있다고 믿고 충분한 자료를 모으며 판단하고 있다고 생각하면서 살아간다. 그런데 과연 그것만으로 충분한 자료가 될까?

홈스는 "목재는 마를 때까지, 지식은 숙달될 때까지 제멋대로 써서는 안 된다"고 말했다. 정리되지 않은 지식은 개똥철학에 가깝다. 길가다 주워들은 짧은 지식을 모든 상황에 적용시키려는 우를 범하고 있을지도 모른다.

괴테 또한 "무식을 두려워할 것이 아니라 허위의 지식을 가지고 있음을 두려워하라"고 했다. 짧은 지식과 자료로 섣부르게 판단하다가는 실수하게 마련이다.

몇 년 전 사내 직원 연수 프로그램에서 강사로 일하고 있을 때, 상급자들 중 한 사람이 연수과정에 있는 어떤 여직원에 대한 평가 결과를 알려달라고 부탁해왔다. 그는 그 여직원의 능력을 미심쩍어 하며 이렇게 말했다.

"대체 그 여직원이 프로젝트에서 무슨 일을 하는지 모르겠단 말이다. 프로그램 개발에 재능이 있는 것도 아니고 프로그램 테스트를 잘하는 것도 아니고 도대체 하는 일이 없어."

조사를 해본 후 나는 흥미로운 결과를 발견했다. 그 문제의 여직원이 재직한 12년간, 그녀가 참여했던 프로젝트는 항상 큰 성공을 거두었다. 그녀가 특별히 프로젝트에 큰 기여를 한 것은 아니었지만 그녀가 끼면 프로젝트는 항상 성공적이었다.

일주일간의 수업에서 그녀를 지켜본 결과 그녀가 뛰어난 친화력을 가진 인물이라는 결론에 도달했다. 그녀가 팀에 끼면 팀원들은 똘똘 뭉쳤다. 그녀는 사람들이 서로 대화를 하며 잘 지내도록 도와주는 역할을 했던 것이다. 프로젝트의 팀원들은 그녀와 함께 일할 때 훨씬 즐거워 보였다.

이러한 결론을 그 관리자에게 이야기한 후에, 나는 아주 당혹스러움을 느꼈다. 그는 프로젝트에서 촉매역할을 하는 인물의 중요성을 조금도 이해하지 못했던 것이다.《피플 웨어》 중에서)

모든 것을 다 아는 듯 판단해서는 안 된다. 그것이야말로 독단과 독선이 아니던가. 소크라테스가 "너 자신을 알라"고 했던 것은 진실 앞에 겸손해져야 진실로 배울 수 있기 때문일 것이다. 겸손한 사람은 쉽게 판단하지 않는 법이고, 쉽게 판단하는 사람은 겸손하지 않다. 그래서 칸트는 "오류는 우리가 어떤 사실을 모르기 때문에 생겨나는 것이 아니라, 우리가 판단에 필요한 모든 것을 알지 못하면서도 감히 판단하기 때문에 생겨난다"고 했던 것이다.

가야금의 명인이 있었는데 어느 날 임금이 그를 청하여 연주를 감상하였다.
"정말 훌륭하오. 그 곡의 의미를 알려주시겠소?"
그러자 그는 다시 같은 곡을 연주하고는 이렇게 말하는 것이었다.
"이것이 바로 이 곡의 의미입니다."

도덕경의 첫 구절에 이런 말이 나온다.
" '도' 라고 할 수 있는 '도' 는 영원한 '도' 가 아니다. 이름 지을 수 있는 이름은 영원한 이름이 아니다."
진정한 도나 진리, 의미는 말로 표현할 수 없는 것들이다. 말로 표현하면 말이라는 모양 속에 갇혀버리기 때문이다. 그런데도 우리는 한두 사람의 말만 듣고서 세상의 이치를 다 안다는 듯이 행동하려 한다. 어리석은 일이 아닐 수 없다. 공자는 "배우기만 하고 생각하지 않으면 마음에 얻는 것이 없게 되고, 생각만 하고 배우지 않으면 위태롭다"고 했다. 생각하고 배우기를 멈추지 않는 사람들에게 지혜는 기꺼이 자신의 문을 열어 밝음을 선사해주지 않을까 싶다.

빨리 끝내서 인정받고 싶어질 때

- 어떤 일이든지 빨리 끝내면 사람들이 감탄할 것 같은 생각이 든다.
- 서두르면서 섬세한 부분에 실수를 하거나 전체적인 큰 부분을 놓치는 경우가 자주 생긴다.
- "저 친구는 허둥대는 경향이 있어"라는 말을 자주 듣는다.
- 빨리 끝낸 뒤에 할 일이 없어 불안한 생각이 든다. 이것저것 손을 대보기는 하지만 무엇을 해야할지 잘 모른다.

Solution!

1. 인기에 연연하지 말자

너무 서두른다는 것은 사람들의 인기를 얻기 위한 억지 활동일 수 있다. 그 억지 활동으로 인기를 얻는다 할지라도 그것은 언제 무너질지 모르는 사상누각과 같다. 신뢰를 얻기 위해서는 빨리 하는 것보다 깔끔하게 하는 것이 더 중요하다. 일을 부탁한 사람의 입장에서는 빨리 끝내주는 것이 좋긴 하지만 도착한 물건에 하자가 있는지 걱정하는 마음도 없진 않을 것이다. 그렇게 되면 빨리 끝내는 문제는 더 이상 당신의 장점이 될 수 없다.

2. 일에는 그것에 필요한 적절한 시간이 필요하다

일을 빨리 끝내면 다음번에는 더 빨리 해주리라고 기대할 것이다. 기대란 끝이 없다. 일을 하는 데는 그에 맞는 적절한 시간이 필요한 법이다. 진정으로 빠름이란 정확하면서도 적절한 시간 내에 해내는 것을 말한다.

3. 일의 노예가 되지 말자

빨리빨리병에 걸린 사람은 영원히 남의 명령만 받게 된다. 상사의 마음에 들기 위해 빨리 하는 것이 습관이 되면 자기 스스로 찾아서 하는 일보다 누군가 시켜서 하는 일이 더 중요하게 생각될 것이다. 자기 스스로 하는 일보다 누군가 시켜서 하는 일이 더 중요하다고 생각하는 사람은 남의 명령을 받는 사람이다. 다른 말로 하자면 노예다.

빨리 끝내서 인정받고 싶어질 때
1. 인기에 연연하지 말자
2. 일에는 그것에 필요한 적절한 시간이 필요하다
3. 일의 노예가 되지 말자

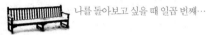

나를 돌아보고 싶을 때 일곱 번째…

불평이 많은 사람들은 게으른 사람들이다

우울함의 원인은 바로 게으름에 있다. 밝고 활기차게 아침을 시작하는 사람들에게 우울함이 있을까? 우울함은 불쾌하고 게으르게 아침을 시작하는 사람들에게 주어진 형벌과도 같다.

아침에 일어나 눈을 뜨는 순간 우리는 스스로 우울하게 하루를 지낼 것인지 아니면 명랑함과 유쾌함으로 하루를 지낼 것인지를 선택하게 된다. 눈을 뜨는 순간 이불을 박차고 일어나 가볍게 몸을 풀거나 세수를 함으로써 적극적인 사람이 되는 것을 선택할 수도 있고, '5분만 더'를 속삭이며 이불을 뒤집어쓰고는 밤은 왜 이다지도 짧은지 불평함으로써 자신을 우울하게 만들 수도 있다는 말이다.

언제부터인가 우리는 행동하지 않으면서 무엇인가를 얻으려는 공짜의식의 지배를 받고 있다. 그리고 자신에게 행운의 수레바퀴가 굴러오지 않는다는 사실에 분노한다. 그들이 보기에 다른 사람들은 아무런 노력도 없이 행운을 얻고 있는 것처럼 보이기 때문이다.

이렇게 게으른 사람들은 불평과 불만이 입에 밴다. 그 불만의 근원이 자기 자신의 게으름이라는 사실은 생각해보지도 않는 것이다.

마르쿠스 아우렐리우스는 "반드시 어떤 행동을 해서 잘못을 범하는 것이 아니라 때로는 어떤 행동을 하지 않는 것이 잘못일 수도 있다"고 했다. 그의 말을 깊이 생각해보면 행동하지 않는 것은 바로 자기 자신의 잘못이라는 의미가 담겨 있다. 게으름은 내가 모르는 내 안의 어디에서 나를 쏘아보며 나를 괴롭히면서 양심의 가책과 무기력함에 대해 항상 나를 평가하고 있기 때문이다.

맹자는 양양왕이 '하지 않는 것과 못하는 것의 모습이 어떻게 다르냐'는 물음에 이렇게 대답했다고 한다.

"태산을 옆구리에 끼고서 북해를 뛰어넘는 것에 대해 남에게 '나는 할 수 없다'고 말하는 경우, 그것은 참으로 할 수 없는 것입니다. 그러나 어른을 위해서 안마를 해드리는 것에 대해 '나는 할 수 없다'고 말하는 경우, 그것은 하지 않는 것이지 못하는 것이 아닙니다. 그러므로 왕께서 왕도정치를 실행하지 않는 것은 후자의 경우에 해당됩니다."

우리가 아침에 힘차게 일어나는 일이나 하루를 즐겁게 사는 일, 인생을 재미있게 만들어보겠다는 태도를 가지는 일들은 모두 어른을 위해 안마를 해주는 경우에 해당될 것이다. 그런데도 우리는 그것을 마치 못하는 일처럼 생각하며 세상에 대해서 불평과 불만을 쏟아내고 있다. 이렇게 불평이 생기는 것은 세상 모든 일이 자연의 섭리에 따라서 움직인다는 사실을 인정하고 싶지 않기 때문인지도 모른다. 자신이 움직이지 않아서 이루어지지 않는 일을 두고는 세상이 불공평하다고 불평하는 것은 누워서 침 뱉기와 다를 것이 없다.

인간의 가치는 얼마나 많은 부와 명예를 쌓아왔느냐보다는 현재 추구하고 있는 목표에 의해서 결정된다. 불평하는 사람은 자신에게 가치를 부여할 현재의 목표가 없거나, 있다 해도 이기적이고 편협해서 어떤 가치를 부여하기조차 부끄러운 것들임에 분명하다.

게으름에서 탈출하고 싶을 때

- 스스로의 게으름을 인정할 수 있다.
- 게으름을 인정할 수는 있지만 그것을 극복할 방법이 적절히 없다.
- 여러 번 나태함을 극복하려고 시도했지만 매번 제자리로 돌아오곤 한다.
- '나는 원래 체질이 그래'라고 스스로 변명한다.

Solution!

1. 의무감을 강화하자

게으름과 나태함은 습관에서 비롯된다. 아무리 훌륭한 인격을 갖춘 사람이라 할지라도 올바른 습관을 만들어내지 못하면 게으름의 나락으로 떨어질 수 있다. 개인적으로 생각해보면, 한 개인을 게으름으로 떨어뜨리는 결정적인 역할을 하는 것은 바로 '의무감의 상실'이었다. 어떤 것을 해야만 하는 상황에서 '누군가 하겠지.' 하는 생각으로 의무를 회피하면 일단 몸이 편하다. 몸이 편하다는 것을 느끼고 그것을 의식적으로 반복하면서 습관이 형성되는 것이다.

2. 책임감을 갖자

훌륭한 인격을 구성하는 요소에는 '의무감'과 '책임감'이 포함되어 있다. 아이를 보살펴야 하는 부모의 의무, 직장 일에서 모범을 보여야 하는 상사의 의무, 올바른 가르침을 베풀어야 한다는 교사의 의무, 서로 간의 믿음과 사랑을 유지해나가야 한다는 부부 간의 의무 모두가 훌륭한 인격의 요소들이다. 이런 의무들이 지켜지지 않는다면 인간사회는 붕괴될 것이 뻔하다. 그리고 그 이전에 한 개인의 인격이 무너지고 만다.

3. 순간의 결정에 강해지자

가장 좋은 방법은 무엇인가를 해야 한다는 생각이 들 때 하는 것이다. 1초라도 머뭇거리면 자신의 게으른 몸이 결심을 설득하는 모습을 지켜봐야만 한다. 몸이 말을 걸기 전에 무조건 일어서서 행동으로 옮겨야 한다. 매 순간에 강한 사람이야말로 자신에게 명령할 수 있는 사람, 즉 주인이다.

게으름에서 탈출하고 싶을 때
1. 의무감을 강화하자 2. 책임감을 갖자
3. 순간의 결정에 강해지자

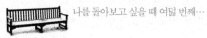

사람은 아무것도 하지 않을 때 지친다

주5일 근무가 되면서 우려되는 것은, 새로 주어진 휴일을 잘 이용하는 사람과 그렇지 못한 사람들 간의 격차가 점점 심해져서 그것이 경제적인 부의 격차로 이어지지 않을까 하는 점이다.

우리 사회는 아직 산업사회적 생활방식에 익숙해져 있는 사람들이 많다. 월요일부터 토요일 오전까지는 열심히 일하고 주말이나 휴일에는 충전을 위해 푹 쉬어야 한다는 생각이 그것이다. 그래서 보통의 남성들은 휴일에 TV나 보면서 하루 종일 뒹구는 것이 최선의 휴식이라고 생각한다.

피로가 쌓였는지 몸도 지친 것 같아 휴일 하루를 늦잠을 자고 TV나

보면서 쉬자고 결심했다. 10시쯤 일어나서는 아침도 먹는 둥 마는 둥 하고는 TV 채널들을 탐색하며 이불과 소파에서 간만의 육체적 아늑함을 즐기면서 하루를 보냈다. 문제는 오후 5시가 넘으면서부터 생기기 시작했다.

갑자기 내 자신에 대해 깊은 회의감이 밀려오기 시작한 것이다. 이렇게 맑고 좋은 날 하루 종일 집에서 뒹굴고 있는 자신이 너무 한심하게 보였다. "글을 쓰지 않는 안락의 나날들. 그가 멸시했던 나날들은 그의 능력을 무디게 했으며, 글을 쓰려는 그의 의지를 약화시켜 마침내 전혀 글을 쓰지 않게 되었다. 이제 그는 선택의 여지가 없다"는 헤밍웨이의 글처럼 나태하고 게으른 생활을 하는 사람들은 언젠가는 자신의 한심한 모습을 바라보게 되는데 바로 그 순간이 내게 찾아온 것이다.

그 순간 나는 깨달았다. 이 순간이 내가 어떤 선택을 통해 교훈을 얻어야 하는 결정적인 순간이라는 사실을. 우리는 자신의 신실함을 너무도 잘 알고 있다. 그리하여 형식적으로 하는 척하거나 우리가 했던 일보다 지나친 칭찬을 받거나 스스로가 정한 기준에 전혀 미치지 못했을 때 자괴감을 느낀다. 그리하여 자신의 몫을 제대로 해내지 못했다는 자존심 상한 마음으로 자신에 대한 긍정적인 믿음을 잃어버려 점점 나태하고 불쾌한 자아들을 재창조하게 된다는 사실을 경험으로 알고 있었다.

나는 이불을 걷어차고 일어섰고 책을 잡았다. 그리고는 이내 펜을 들고 글을 쓰기 시작했다. 차츰 나는 자신의 건강한 모습으로 돌아올 수 있었고 활기차게 휴일의 나머지 순간들을 즐겁게 보낼 수 있었다.

세상에는 네 가지 유형의 사람들이 존재한다고 한다.

첫 번째 유형은 스스로 불꽃을 피우며 타오를 수 있는 사람이다. 자신의 일과 생활에 스스로 동기부여를 할 만한 힘을 갖추고 있기 때문에 열정으로 살아갈 수 있는 독립성과 자발성이 뛰어난 사람들이다.

두 번째 유형은 남이 불을 붙여주면 타오를 수 있는 사람들이다. 좋은 교육을 접하거나 괜찮은 책을 읽으면서 변화를 꿈꿀 수 있는 사람들을 말한다.

세 번째 유형은 아무리 불을 붙여줘도 타오르지 않는 사람들이다. 교육을 하다 보면 어쩔 수 없이 끌려온 노예들처럼 불성실한 태도로 임하는 사람들이 종종 있다. 자신이 행동하는 동기를 내부에서 전혀 끌어내지 못하는 사람들이다.

마지막 네 번째는 오랜만에 불타고 있는 사람의 불을 확 꺼버리는 사람들이다. 이른바 물귀신 작전을 구사하는 사람들로 내가 성공하지 못하니 남도 성공해서는 안 된다는 lose-lose의 패러다임을 가지고 있다.

나는 어떤 유형에 해당할까? 첫 번째 유형일까? 아니면 네 번째 유형일까? 사실 자신이 어떤 유형에 해당하느냐보다 더 중요한 것이 있다. 그것은 우리가 어느 순간 어디에서든 이런 유형 중의 하나를 '선택' 할 수 있다는 것이다. 그 힘을 사용하는 사람과 그렇지 못한 사람들의 미래는 확실히 다를 것이다.

내 자신이 한심하고 부끄럽게 생각되는 그 순간에도 어떤 행동을 선택하느냐에 따라 우리 삶의 결과는 완전히 달라질 것이다. 부끄러운 자신의 모습을 바라보고는 그것이 부끄러워 또다시 부끄러운 생활을 반복한다는 것은 스스로를 죽이고 자신의 삶을 부정적인 에너지 속으로 몰고 가는 것과 마찬가지다. 인정할 것은 인정하고 적극적인 행동을 선택할 때 우리는 한발 나아갈 수 있다.

사뮤엘 스마일즈는 "사람이 지치는 것은 부지런히 움직일 때가 아니라 아무것도 하지 않을 때이다"라고 말했다. 자신감은 행동하고 있는 자신의 모습을 스스로 인식할 때 생긴다. 자신에게 부끄러운 행동을 하는 사람에게는 절대 자신감이 깃들지 않는다. 자신감을 잃은 사람들은 일을 추진할 힘도, 다른 사람을 감동시킬 에너지도 얻을 수 없다. 다른 사람들과 세상이 무서워지고 그들이 명령하는 대로 행동하며 굴욕적으로 살 수밖에 없을 것이다.

자신의 방만하고 나태한 모습을 우리는 언젠가 똑바로 바라보게 될 것이다. 그 순간의 선택이 어떤 것이냐에 따라 우리 삶은 달라진다. 휴일은 푹 쉬어야 월요일부터 일을 할 에너지가 생긴다는 핑계로 게으름을 합리화하는 것은 떳떳한 모습이 아니다. 그것은 산업사회 노동자의 사고방식이며 육체노동에 적합한 생활 패턴이다. 지금 우리의 일들은 육체노동보다는 정신노동, 감정노동의 모습을 띠고 있다. 시간이 갈수록 육체노동보다는 정신과 마음이 차지는 비율이 커질 것이다. 창의적이고 차별화된 생각이 필요한 시대다. 휴일은 육체적 안락을 위한 시간이 아니라 정신적 충만의 계기가 되어야 한다는 말이다.

우리의 피로는 과로가 원인이라기보다는 정신적 빈곤에서 기인한 것일 가능성이 높다. 당신이 육체노동자라면 주말은 육체적 휴식의 시간이어도 좋다. 그러나 정신을 사용하는 사람이라면 주말은 충전을 위한 자기확신의 에너지와 여유, 믿음을 확보하는 시간이어야 한다. 그 에너지의 근원은 바로 자신의 정직하고 성실한 모습에 근거한 자신감임이 분명하다.

자신이 보잘것없이 느껴질 때

- 친구나 동료를 만나도 즐겁지 않고 일에 의욕이 떨어진다.
- 나 외의 다른 사람들은 모두 훌륭하게 잘살아가는 것처럼 느껴진다.
- 앞으로 이 험난한 세상을 어떻게 살아가야 할지 막막할 뿐이다.

Solution!

1. 인간은 원래 보잘것없는 존재다

인간은 원래 보잘것없는 존재이다. 그래서 저 빛나는 태양 가까이에 가지도 못하고, 은하계를 벗어나 아름다운 우주의 끝에도 가보지 못하며 오직 지구라는 별 근처에 머뭇거리며 살아가야 하는 나약한 존재다. 얼마나 보잘것없으면 벌에 쏘여 죽기도 하고 보이지도 않는 바이러스에 감염되어 죽기까지 할까. 그런 인간이 보잘것없다고 느껴지는 것은 당연한 것이다. 아무리 잘난 인간이라도 태양에 가서 살 수는 없다.

2. 비교하지 말자

우리가 자신을 보잘것없다고 생각하게 되는 이유는 다른 어떤 것과 비교하기 때문이다. 못난 것이 있어야 잘난 것이 있을 수 있다. 나보다 능력이 뛰어나거나 무엇인가를 더 많이 가진 사람과 비교하면 스스로가 보잘것없어 보인다. 하지만 이런 비교 자체가 무의미하다. 오십 보 백 보가 아닌가. 세상은 생각하기 나름이다.

3. 웃어주자

밀란 쿤데라의 글 중에 '참을 수 없는 존재의 가벼움' 이라는 제목의 소설이 있다. 읽어보지 않은 사람들도 제목에서 묘한 매력을 느낀다. 인간은 자신의 존재가 너무 가볍게 느껴진다는 것을 참지 못한다는 사실을 드러냈기 때문이다.

인간은 자신의 가벼움을 참지 못해 스스로 무겁다고 자랑하려는 경향이 있다. 큰소리를 치며 자신을 자랑하는 사람들은 그렇게라도 하지 않으면 자기 존재의 가벼움을 견딜 수 없는 사람들인 것이다. 그런 사람들을 발견했을 때 괜히 주눅들 것이 아니라 그냥 웃어주도록 하자. 얼마나 존재가 가벼우면 큰소리치며 자신을 떠벌려야 할까!

4. 부모님의 얼굴을 떠올려보자

부모님에게 우리는 어떤 존재일까? 혹은 어떤 존재였을까? 부모님에게 우리는 세상의 모든 것이다. 열심히 살아가야 할 이유를 주고 기쁨과 보람을 느끼게 해주는 모든 것이다. 그러므로 우리는 보잘것없는 존재가 아니다. 부모님의 얼굴을 떠올릴 때면 나 자신에 대해서 다시 생각하게 된다. 이렇게 살아서는 안 되겠다는 의지로 불타오른다.

자신이 보잘것없이 느껴질 때

1. 인간은 원래 보잘것없는 존재다

2. 비교하지 말자

3. 웃어주자

4. 부모님의 얼굴을 떠올려보자

나를 돌아보고 싶을 때 아홉 번째…

일도 끝나기 전에
변명부터 준비하지 말자

일도 마치기 전에 잘되지 않을 경우를 대비해서 변명부터 준비하는 사람들이 있다. 자기에 대한 책임이 없는 사람들이다. 당신의 경우는 어떠한가? 실패할 것을 걱정해서 이런 저런 변명거리들을 미리 준비하고 있는 사람인가. 아니면 성공과 실패에 연연해하지 않고 현재에 매진하고 있는 사람인가.

일본의 어느 기업 회장은 기업의 세 가지 악을 이렇게 정의했다고 한다.

첫 번째, 간부는 말만 해놓고는 그만이라고 생각한다.

두 번째, 부하는 듣는 둥 마는 둥 시간만 가면 그만이라고 생각한다.

세 번째, 상품은 팔아먹고 나면 그만이라고 생각한다.

간부는 말만 해놓고는 그만이라고 생각한다. 말만 해놓고 그대로 실행에 옮기지 않아서 그 일이 잘못되었을 경우 "저번에 내가 이렇게 하라고 했잖아!"라고 말해버리면 자신의 책임은 면제되는 것이라고 여긴다. 일단 지적해놓았으니 그것을 잘되도록 실천하는 일은 자신의 일이 아니라 다른 사람의 일이라고 생각하며 결과에 대해 책임을 지지 않으려 한다.

부하들은 상사의 말을 듣고는 금방 잊어버린다. 대신 프로젝트가 진행되고 있는 동안에는 뭔가 하고 있는 것처럼 보여야 되기 때문에 야근을 한다는 둥, 시장조사를 나간다는 둥, 벤치마킹을 해야 한다는 둥 부산을 떤다. 그래야 나중에 일이 잘못되어도 "열심히 했다"는 말이라도 할 수 있기 때문이다.

요즘은 많이 나아졌지만 아직도 상품은 팔아먹기만 하면 그만이라고 생각하는 사람들이 많다. 그래서인지 공업용 기름으로 식품을 만들고, 독성이 가득한 페인트로 아이들의 장난감을 만들며, 부실자재를 사용해 새로 지은 집의 지붕에서 물이 샌다. 그런 상품을 판 사람들에게 왜 그랬냐고 물으면 아마도 물건을 사 간 사람이 잘못이라고 말할지도 모를 일이다.

우리는 모두 자기보호 본능을 가지고 있다. 그래서 자신이 책임져야 하는 상황이 되면 이런 저런 변명을 늘어놓는데 재미있는 것은 자기가 책임져야 할 상황에 대비해서 빠져나갈 구멍들을 미리 만들어놓고 있다는 점이다. 그만큼 맡은 일에 대한 열정과 애정이 없다는 말일 것이다.

내가 아는 한 아이는 부모들이 '들어가서 공부해라'는 말을 할 때가 되었다고 느끼면 자연스럽게 자기 방으로 들어가서 문을 잠근다. 물론 부모들은 공부하고 있을 것으로 굳게 믿고 방해하지 않으려고 노력한다. 어느 날 아이의 방에 들어가서 이야기를 나누다가 부모들이 공부한다고 생각하는 그 시간에 무엇을 하는지 알게 되었다. 아이의 가방에는 친구들에게서 빌려온 만화책들이 가득했던 것이다. 그리고 시험 성적이 좋지 않으면 아이는 이렇게 말하곤 한다. "열심히 했는데도 안 되는 걸 어떻게 하라고?" 이럴 때 부모들은 "다음에는 좀더 잘하도록 해보자"는 말밖에 하지 못했다.

이것은 회사에서 초과근무를 하는 것이 아무런 효과가 없다는 반증도 될 것이다. 남아서 인터넷을 뒤지거나 회사 돈으로 저녁이나 먹고 가야겠다는 신념으로 죽치고 있을지도 모른다. 사실 내 친구들 중 상당수는 '그렇다'고 시인했다.

회사에 남아 있는 시간이 많다고 해서 생산성이 높은 것도 아니고 책상에 오랫동안 앉아 있는 학생이 공부를 잘하는 것도 아니다. 오히려 쉴 때 쉬면서 머리에 창조적인 휴식의 기회를 주어야 능률도 오르고 성과도 오른다. 자신의 사생활을 희생해가면서 회사에 남아 있는 시간이 즐거울 리 만무하다. 그 시간에 나가서 하고 싶은 일을 하고 나머지는 내일 제대로 준비된 마음으로 하는 것이 훨씬 효율적일 것이다.

일이 끝나기도 전에 실패에 대비해서 변명거리를 준비하는 초라한 사람은 되지 않도록 해야겠다.

억지로 야근해야 하는 것이 싫을 때

- 빠져나갈 구멍을 찾기 위해 핑계거리를 만들어낸다.
- 자신이 많은 일을 하고 있으면 고생한다는 것을 상사에게 넌지시 알리려고 시도한다.
- 그래도 소용없다는 것을 알게 되면서 스스로에게 스트레스를 준다.

1. 피할 수 없으면 즐기자

특별한 일도 없는데 어쩔 수 없이 야근을 해야 하는 경우 그것을 받아들이는 방법 외에는 다른 방법이 없다. 사표를 내지 않는 한 피할 수 있는 일이 아니다. 피하려고 하면 스트레스만 쌓여간다. 그럴 바에는 차라리 인정하고 받아들이면서 나만의 방법으로 즐기는 것이 현명하다.

2. 일정표를 작성하자

이럴 때는 평소에 하지 못했던 수첩정리, 책상정리, 일정표 작성, 계획표 작성 등 일 같지는 않지만 다른 일을 하는 데 큰 도움이 되는 부가적인 일들을 하는 것이 좋다. 그것을 하는 동안 다른 일을 좀더 잘할 수 있는 방법이 생각나기도 하고, 그동안 잊고 살았던 보다 가치 있는 일이 생각나기도 한다. 한 가지 일을 하는 데는 그것을 뒷받침해주는 다른 일들이 있게 마련이다. 계획을 세우고 진행상황을 확인하고 쫓기는 마음 때문에 소홀히 했던 몇 가지 중대한 사실들을 찾아내는 것은 인생의 깊이를 더해줄 기회가 되기도 할 것이다.

3. 제안서를 쓰자

일도 없이 앉아 있는 것은 고역이다. 자신이 원해서 하는 일이 아니니 회사에 대해 불만이 생길 것이다. 그런 불만을 긍정적인 방향으로 승화시켜 불합리한 규정에 대한 제안서를 만들거나 참신한 기획안을 정리하는 데 이용하면 효과적이다. 불만이 없는 사람은 감히 쓸 생각도 하지 못하는 기획안을 만들어낼 수 있을 것이다.

억지로 야근해야 하는 것이 싫을 때
1. 피할 수 없으면 즐기자   2. 일정표를 작성하자
3. 제안서를 쓰자

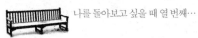

끊임없이 이동하는 자만이 살아남는다

성을 쌓고 사는 자는 반드시 망할 것이며, 끊임없이 이동하는 자만이 살아남을 것이다.

—돌궐족의 명장 톤유쿠크의 비문에서

몽고족은 세계에서 가장 넓은 영토를 차지한 적이 있었다. 칭기즈칸으로 대표되는 유목 기마민족들의 용맹성에 세계가 무릎을 꿇고 그들의 칼 앞에 복종의 맹세를 했던 것이다.

칭기즈칸이 대제국을 건설할 수 있었던 가장 큰 이유는 바로 기마민족 특유의 이동성과 적응성이었다. 그들은 말을 타고 정확하게 활을 쏠 수 있었으며 유럽인들의 큰 창과 무거운 갑옷이 아닌 유연한 칼과 움직임이 편한 옷을 선택했기 때문에 어느 순간이든 칼을 내뻗을 수 있었다. 60킬로그램이나 나가는 갑옷을 입은 유럽의 기마병들은 그들에게 장난감 병정과 같았다.

그들은 유목민의 특성상 어느 곳에 가서든 쉽게 적응하고 쉽게 정착했다. 때문에 자신들의 고원을 떠나 먼 유럽과 아프리카의 사막지대에서도 잘 적응할 수 있었고 살아남았을 뿐만 아니라 정복하기까지 했다.

노마드(nomad)는 유목민 혹은 유랑자를 뜻한다. 프랑스의 철학자 들뢰즈는 자신의 철학적 사유체계를 제시하면서 이 노마드라는 용어를 사용했는데, 그는 이 말을 기존의 가치관이나 삶의 방식들을 모두 부정하고 새로운 땅, 불모지들로 끊임없이 옮겨 다니면서 자신의 문화와 가치체계를 만들어가는 행위로 규정했다.

노마드의 삶이란 지금 가진 것에 집착하지 말고 새로운 것으로 자신을 끊임없이 이동시키라는, 유목민들이 현대인에게 주는 새로운 메시지를 의미한다. 우리의 인생을 사막을 건너는 것에 비유한 스티브 도나휴는 그의 책에서 현대인들이 인생이라는 사막을 건너가면서 지도보다는 나침반을 가지고 갈 것을 권하면서 이렇게 말하고 있다.

"지도를 펴보자. 산봉우리에는 이름이 있지만, 모래 언덕에는 이름이 없다. 모래 언덕에 이름을 지어 붙인다 해도, 그 이름을 인쇄한 잉크가 채 마르기도 전에 그 지도는 이미 구식이 되어 못 쓰게 될 것이다."

지식이 고철화되는 현상을 우려하는 사람들이 많다. 디지털 시대,

인터넷 시대, 지식이 지배하는 시대에서는 어제 통용되었던 지식이 오늘은 고철이 되어버리곤 한다. 휴대폰이 등장한 지 불과 몇 년 되지도 않았지만 우리는 디지털 카메라와 MP3 플레이어와 PDA가 통합되는 시대를 경험하고 있다. 내일은 또 어떤 지배적인 콘텐츠가 등장해서 이들을 통합할지 궁금해지기도 한다.

이런 급속한 변화의 양상 때문에 세상과 성을 쌓고 사는 자는 정보력의 부족과 좁은 시야로 인해 멸망할 수밖에 없을 것이다. 대신 자신의 성을 스스로 허물고 새로운 불모지를 찾아 개발하고 정착하는 사람들이 부흥할 가능성이 높다. 새로운 상품의 생산을 통한 생존뿐만 아니라 지식의 확장 또한 마찬가지가 아닐까. 이렇게 자신이 가진 기존의 지식으로만 먹고살 수 있는 시대가 지났는데도 우리는 예전에 재미를 본 지식들을 아직도 움켜쥐고 소중한 것으로 간직하고 있으니 안타깝기만 하다.

대학교에 가보자. 일 년에 제대로 된 논문 한 편 쓰지 못하는 교수와 한 달에 책 한 권 읽지 않는 학생들이 가득하다. 직장에 가보면 자기 일만 잘하면 된다고 자신의 일을 꼭 움켜쥐고는 다른 사람들에게 보여주지 않으려고 안달하는 사람들로 가득하다. 상사들은 부하 직원들에게 배우기는커녕 그들의 창의성이나 죽이고 혹시 자기보다 잘 나갈까봐 걱정하며 소통의 통로를 폐쇄하기에 혈안이다. 안타깝지만 이것이 우리 현실이다.

옷장에 옷이 가득한데 새 옷이 갖고 싶다면 오래된 헌옷을 버리는 수밖에 없다. 헌옷은 버리지 못하고 새 옷만 사대면 옷장이 꽉 차서 더이상 보관할 곳이 없다. 나중에는 넘쳐나는 옷들 때문에 집에서 제대로 움직이지도 못할 것이다. 헌옷처럼 오래되고 남루한 생각의 상념들을 버려야 새롭고 밝은 지혜를 얻을 수 있으리라 믿는다.

이동하지 않으면 고착될 수밖에 없고 고착이란 퇴보의 다른 이름일 뿐이다. 테네시 윌리엄스의 말대로 '안정은 일종의 죽음'이 될 것이다. 그렇다면 나는 성을 쌓고 사는 사람일까 아니면 성을 허물고 끊임없이 이동하는 사람일까?

지혜란 버려야 얻을 수 있다는 사실을 아는 것이 아니다. 지혜란 실제로 버리는 일이다.

사람에 대한 집착이 생길 때

- 다른 것들을 다 주어도 이 사람만은 놓치고 싶지 않다는 생각이 든다.
- 이 사람이 아니면 절대 안 될 것 같다는 생각이 든다.

Solution!

　사람에 대한 집착이나 지나친 열정으로 인해 스스로를 주체할 수 없을 때는 시 한 편을 읽어보자. 시는 사람의 마음을 부드럽고 온화하게 만드는 마력이 있는 것 같다.

　　사랑법

　　　　　　　－강은교

　　떠나고 싶은 자
　　떠나게 하고
　　잠들고 싶은 자
　　잠들게 하고

그러고도 남는 시간은
침묵할 것.

또는 꽃에 대하여
또는 하늘에 대하여
또는 무덤에 대하여

서둘지 말 것
침묵할 것.

그대 살 속의
오래 전에 굳은 날개와
흐르지 않는 강물과
누워 있는 누워 있는 구름,
결코 잠 깨지 않는 별을

쉽게 꿈꾸지 말고
쉽게 흐르지 말고
쉽게 꽃 피지 말고
그러므로

실눈으로 볼 것
떠나고 싶은 자
홀로 떠나는 모습을
잠들고 싶은 자
홀로 잠드는 모습을

가장 큰 하늘은 언제나
그대 등 뒤에 있다.

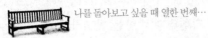
나를 돌아보고 싶을 때 열한 번째…

책을 읽으면서 자신을 읽는다

책을 읽으면서 우리는 글의 내용을 평가하려 한다. 그래서 이런 말을 하는 사람들이 많다.

"내용이 새로운 것이 없어. 생각보다 별로야."

"누가 그걸 몰라서 안하는 줄 아는 모양이야. 문제는 행동이야. 행동."

"지금 시대가 어떤 시댄데. 너무 구시대적이야. 사례들도 고리타분하고."

사람들은 자신의 문제를 감추기 위해 글의 내용을 문제 삼는 것 같다. 사실 이런 태도는 책읽기와 자기발전에 전혀 도움이 안 된다. 우리는 책을 읽으면서 글의 내용을 이해하고 음미하면서 자신을 돌아볼 수 있어야 한다. 그리하여 자신의 부족함을 반성하고 다시 일어설 기회를 만들어야 한다. 우리는 책을 읽는 것이 아니라 우리 자신을 읽는 것이다.

그런 의미에서 한 권의 책은 독자에게 와서 읽힘으로 인해 수천수만 권의 책이 될 수 있다. 독자들은 각자의 입장에서 그 책을 읽기 때문에 그 책을 이해하는 수준도 깊이도 심지어는 책의 내용까지도 달라진다. 책은 독자에게 와서 다시 만들어지는 것이다.

어떤 책을 읽어도 새로운 것이 없다고 말하는 사람은 책에서 성과적인 내용에 집착하는 사람일 가능성이 높다. 항상 가시적인 성과만을 보는 습관 때문에 자신이 아는 것을 잘 실천하고 있는지를 생각하기보다는 새로운 내용들을 흡수하기에 급급하다. 이래서는 책을 읽어도 지혜는 커지지 않을 것이다.

실천이 중요하다고 말하는 사람은 책을 통해 실천의 계기를 다시 만들 수 있어야 하고, 작가의 생각이 구태의연하다고 말하는 사람은 자신은 과연 구태의연한 행동을 반복하고 있지 않은지 돌아보아야 한다. 그럴 수 있을 때 책은 우리에게 어떤 의미가 될 것이고 새로운 생명과 가치를 얻게 될 것이다.

독자에 의해 재창조되지 못하는 책은 죽은 책이다. 뒤집어 말하면 자신에게 온 책을 통해 스스로의 모습을 읽어내어 발전의 계기로 만들지 못하는 독자는 책 읽는 시간과 돈만 낭비한 사람일 뿐이다. 책이 좋아서 그냥 읽는다고 말하는 사람조차 어떤 목적의식을 가지고 있다. 시간을 보내기 위해, 감동을 얻기 위해서, 심지어 아무런 이유 없이 책을 읽을 때조차 그것이 자신에게 이익이 될 것이라고 생각하면서 읽는 것이다.

우리는 책을 읽으면서 자신을 발견하게 된다. 책을 읽는 사람은 작가의 말을 읽는다. 그리고 그 말은 우리 자신의 생각과 내면화된 가치관들을 통과하면서 새로운 의미로 해석된다. 똑같은 책과 똑같은 문장을 읽어도 읽는 사람에 따라서 느낌이 달라지고 교훈까지 달라지는 이유도 이 때문이다. 그러므로 자신을 읽으면서 '지루하다' '새로운 것이 없다'고 말하는 것은 지금 현재의 자기 자신이 지루하고 새롭지 않다는 것을 말하는 것과 같다.

지금까지 우리가 가졌던 경험과 지식, 상식들로 구성된 자아가 책을 읽고 있다. 그 자아가 무엇을 가르치고 있는지 책을 통해 발견할 수 있을 때 우리에게는 보다 생산적인 자신을 만들 기회가 생길 것이다.

그래서 어떤 책을 읽는지를 보면 그 사람을 알 수 있다는 것이다. 당신은 어떤 책을 읽고 있는가? 그리고 어떤 느낌을 받고 있는가?

책읽기에 실패했을 때

- 책에서 배울 점을 얻어내지 못한 것 같다.
- 돈이 아깝다는 생각이 든다.
- 책을 사서 읽어야겠다는 생각이 싹 가셨다.

Solution!

1. 신중하게 선택하자

책 선택이 1차적으로 중요하다. 누구나 자신에게 맞는 책이 있다. 그렇지 않은 책도 있다. 책을 읽으면서 재미나 관심을 느끼지 못하는 이유는 자신과 맞지 않기 때문이다. 실천에 관심이 있는 사람이 사람의 마음을 읽는 방법에 관한 책을 읽는 것처럼 잘못된 선택은 실패를 부를 수 있다. 그 책이 잘못된 것이 아니라 책이 자신과 맞지 않을 뿐이다.

2. 고민하며 읽자

책읽기에 실패한 이유는 현실에서 충분한 고민이 없을 때인 경우가 많다. 고민하지 않고 책만 읽어서는 아무리 좋은 내용도 그냥 지나치는 경우가 허다하다. 반대로 현실에서 충실히 고민하고 있을 때는 그냥 지나치던 내용도 깊은 의미로 다가온다.

리히텐베르크의 말을 들어보자.

"책을 읽을 때 정신적 힘을 조금도 얻지 못하고 오히려 잃고 마는 경우가 있다. 그것은 자신의 비축한 경험과 비교하지 못하고 또한 생각하는 조직과 연결하지 못한 책읽기의 결과이다."

3. 비전을 갖자

공자는 "사람이 멀리 내다보지 않으면 반드시 가까운 근심이 있게 된다"고 했다. 장기적인 안목으로 무장한 사람이 아니면 책을 통해 인생의 자양분을 흡수하기 어렵다. 단순히 책을 읽는 것을 넘어서 책을 통해 무엇인가를 할 수 있기 위해서는 자신이 필요로 하는 분야의 책을 오랫동안 읽을 수 있어야 한다. 장기적인 비전이 없으면 같은 분야의 책을 꼼꼼하게 읽어내는 것이 어렵기 때문이다.

"나는 변화를 원하는가 하는 질문은 무가치한 것이다. 변해서 무엇이 되고 싶은가. 어떻게 하면 그렇게 될 수 있는가 하는 것이 진정한 질문이다."

스티븐 호킹 박사의 말이다. 그렇다면 나는 책을 통해서 무엇이 되고 싶은가, 어떻게 하면 그렇게 될 수 있는가 생각해보자.

우리는 무엇을 읽고, 어떤 사람과 사귀고, 경험을 통해 무엇을 배우느냐에 따라 다른 세계관을 가지게 된다. 그리고 그 세계관은 실제로 우리의 삶 자체를 새로운 것으로 만들어내는 데 결정적인 역할을 한다. 그러므로 자신의 삶을 보다 나은 것으로 만들어 미래의 행복을 꿈꾸는 사람들은 자신이 읽고 만나고 경험할 것들을 통제할 수 있어야 한다. 우리에게 인생의 참고서가 필요한 이유가 이 때문이다. 모든 사람들이 자기만의 참고서를 가슴에 품고 미래의 자신을 만들어나갈 수 있기를 바란다.

책읽기에 실패했을 때
1. 신중하게 선택하자
2. 고민하며 읽자
3. 비전을 갖자